Für Noël, Otto und Frida. Ein kleines Stück der Welt, die da draußen auf euch wartet!

RAQUEL

Dieses Buch ist auf Papier aus nachhaltiger Forstwirtschaft gedruckt.

5 4 3 2 1 26 25 24 23 22
ISBN 978-3-649-64409-5

Deutsche Ausgabe:

Hafenweg 30, 48155 Münster, Germany
CH: Baumgartner Bücher AG,
Centralweg 16, 8910 Affoltern a. A.

Deutscher Text: Annika Klapper
Illustrationen: Raquel Martín
Lektorat und Satz: Melanie Rhauderwiek, lektography
Printed in Spain
www.coppenrath.de

Titel der spanischen Originalausgabe:
MAPAMUNDI – Todo lo que se puede explicar en un mapa

www.mosquitobooks.com

Raquel Martín

DIE GANZE WELT ERKLÄRT IN KARTEN

Aus dem Spanischen übersetzt
von Annika Klapper

COPPENRATH

ROTLACHS: Dieser Lachs wird in Süßwasserflüssen geboren und wandert, sobald er erwachsen ist, zum Pazifik, wo er Nahrung und einen Lebensraum findet. Im fortpflanzungsfähigen Alter schwimmt er stromaufwärts zurück zu seinem Geburtsgewässer, um dort zu laichen.

KALIFORNISCHER SEELÖWE: Lebt in flachen Gewässern nahe der nordamerikanischen Pazifikküste. Zur Fortpflanzung wandert er von Alaska bis nach Südkalifornien und Nordmexiko. Im Sommer begeben sich die Männchen auf Nahrungssuche gen Norden, während die Weibchen im Süden bei den Jungen bleiben.

KARIBU: Das nordamerikanische Rentier legt die längste Strecke über Land zurück – 4800 Kilometer im Jahr, rund 33 Kilometer pro Tag, vom Nordwesten der USA bis nach Kanada.

LEDERSCHILDKRÖTE: Die größte lebende Schildkröte ist in allen tropischen Meeren der Welt zu Hause und ernährt sich von Quallen. Auf Nahrungssuche unternimmt sie zuweilen große Wanderungen.

MONARCHFALTER: Jedes Jahr im Spätsommer färben Millionen Monarchfalter den Himmel über den USA und Kanada orange. Von ihren Winterquartieren in Mexiko legen sie in vier Generationen über 3000 Kilometer bis zum Ziel ihrer Reise zurück.

WALHAI: Wir wissen nicht genau, warum der größte lebende Fisch wandert. Er lebt in allen tropischen Meeren und ernährt sich von Krill, Plankton und anderen Kleinstlebewesen.

BUCKELWAL: Unter den Säugetieren legt er den längsten Weg zurück – von den polaren Meeren bis in tropische und subtropische Gewässer, wo er sich fortpflanzt und anschließend zurückkehrt, sind es rund 18 000 Kilometer pro Strecke.

Die Top 5 der tierischen Weltenbummler

1. Küstenseeschwalbe
   (ca. 95 000 km)
2. Lederschildkröte
   (ca. 20 000 km)
3. Buckelwal
   (ca. 18 000 km)
4. Wanderlibelle
   (ca. 14 000 – 18 000 km)
5. Unechte Karettschildkröte
   (ca. 14 000 km)

Tierwanderungen

Viele Tiere ziehen regelmäßig von einem Gebiet in ein anderes – das bezeichnet man als „Tierwanderung" oder „Migration". Für die Wanderungen gibt es verschiedene Gründe: Die Tiere suchen Gebiete mit klimatisch günstigen Bedingungen für die Nahrungssuche oder zur Fortpflanzung und Aufzucht ihrer Jungen. Aber welche Tiere begeben sich eigentlich auf Wanderschaft? Ziehen sie allein oder mit mehreren? Welches Tier legt die weiteste Strecke zurück? Diese Karte zeigt dir die spektakulärsten und kuriosesten Wanderer in der Tierwelt.

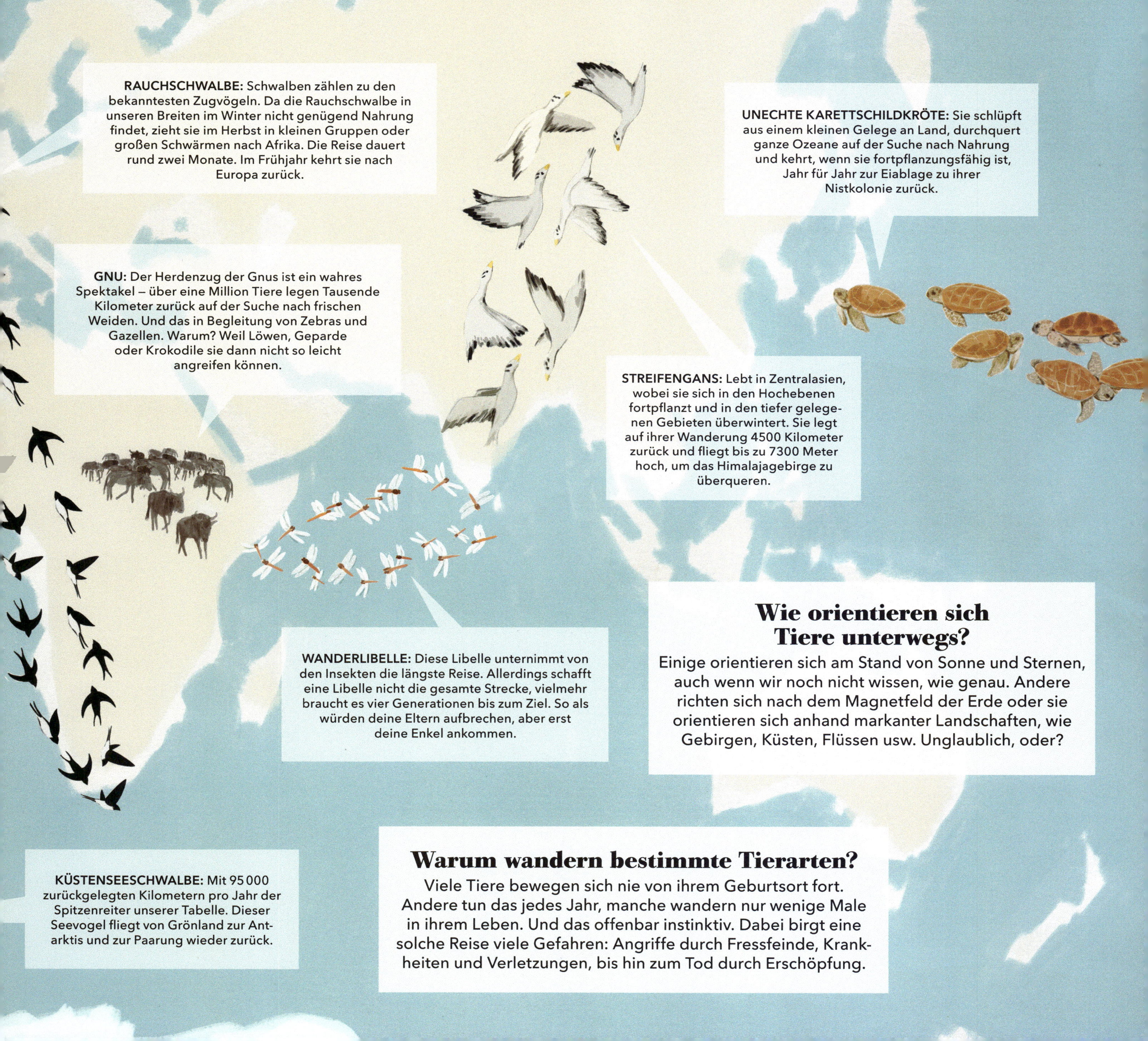

RAUCHSCHWALBE: Schwalben zählen zu den bekanntesten Zugvögeln. Da die Rauchschwalbe in unseren Breiten im Winter nicht genügend Nahrung findet, zieht sie im Herbst in kleinen Gruppen oder großen Schwärmen nach Afrika. Die Reise dauert rund zwei Monate. Im Frühjahr kehrt sie nach Europa zurück.

UNECHTE KARETTSCHILDKRÖTE: Sie schlüpft aus einem kleinen Gelege an Land, durchquert ganze Ozeane auf der Suche nach Nahrung und kehrt, wenn sie fortpflanzungsfähig ist, Jahr für Jahr zur Eiablage zu ihrer Nistkolonie zurück.

GNU: Der Herdenzug der Gnus ist ein wahres Spektakel – über eine Million Tiere legen Tausende Kilometer zurück auf der Suche nach frischen Weiden. Und das in Begleitung von Zebras und Gazellen. Warum? Weil Löwen, Geparde oder Krokodile sie dann nicht so leicht angreifen können.

STREIFENGANS: Lebt in Zentralasien, wobei sie sich in den Hochebenen fortpflanzt und in den tiefer gelegenen Gebieten überwintert. Sie legt auf ihrer Wanderung 4500 Kilometer zurück und fliegt bis zu 7300 Meter hoch, um das Himalajagebirge zu überqueren.

WANDERLIBELLE: Diese Libelle unternimmt von den Insekten die längste Reise. Allerdings schafft eine Libelle nicht die gesamte Strecke, vielmehr braucht es vier Generationen bis zum Ziel. So als würden deine Eltern aufbrechen, aber erst deine Enkel ankommen.

Wie orientieren sich Tiere unterwegs?

Einige orientieren sich am Stand von Sonne und Sternen, auch wenn wir noch nicht wissen, wie genau. Andere richten sich nach dem Magnetfeld der Erde oder sie orientieren sich anhand markanter Landschaften, wie Gebirgen, Küsten, Flüssen usw. Unglaublich, oder?

KÜSTENSEESCHWALBE: Mit 95 000 zurückgelegten Kilometern pro Jahr der Spitzenreiter unserer Tabelle. Dieser Seevogel fliegt von Grönland zur Antarktis und zur Paarung wieder zurück.

Warum wandern bestimmte Tierarten?

Viele Tiere bewegen sich nie von ihrem Geburtsort fort. Andere tun das jedes Jahr, manche wandern nur wenige Male in ihrem Leben. Und das offenbar instinktiv. Dabei birgt eine solche Reise viele Gefahren: Angriffe durch Fressfeinde, Krankheiten und Verletzungen, bis hin zum Tod durch Erschöpfung.

Essen und Trinken

Am besten lernt man Land und Leute über das typische Essen und die kulinarischen Gewohnheiten kennen, denn auch diese gehören zur jeweiligen Kultur. Geschmäcker, Aromen, Farben und Texturen tragen uns fort und wecken das Fernweh. Hier lernst du eine Reihe traditioneller Gerichte kennen, wohlbekannte, aber auch exotische. Eine Reise voller Gaumenfreuden!

BAGUETTE (Frankreich): helles Stangenbrot mit weichem Inneren und knuspriger Kruste

PAELLA (Spanien): Reispfanne mit Fleisch, Fisch, Meeresfrüchten und Gemüse, die es in zahlreichen Variationen gibt

BREZEL (Deutschland): mit Salz bestreutes Laugengebäck

TOURTIÉRE (Kanada): herzhafte Pastete mit Schweine- oder Rindfleisch, traditionell zu Weihnachten gereicht

CESAR SALAD (USA): weltbekannter Salat aus Blattsalat, Ei, Käse, Croutons und dem klassischen Dressing

CHEESECAKE (USA): Kuchen mit knusprigem Boden, Quarkcreme und Beerentopping

GUACAMOLE (Mexiko): Creme aus zerdrückter Avocado, mit Tomate, Zwiebeln, Limonensaft, Koriander und Chili. Ein Muss zu Nachos!

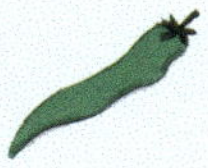
JALAPEÑO (Mexiko): kleine, grüne, scharfe, sehr schmackhafte Paprikasorte – benannt nach der Herkunftsregion

ROPA VIEJA (Kuba): Schmorgericht aus Rindfleisch mit Kräutern und Gemüse. Als Beilage reicht man Reis und schwarze Bohnen.

MOROS Y CHRISTIANOS (Kuba): Reis mit schwarzen Bohnen und Schweinefleisch

AREPAS (Venezuela): flache, runde Maisfladen, im Ofen oder auf dem Grill gebacken, gefüllt mit Gemüse, Käse, Bohnen, Ei, Salat, gebackenen Bananen

CEVICHE (Peru): klein geschnittener roher Fisch oder Meeresfrüchte, in Zitronensaft mariniert, mit Salz, Pfeffer, Zwiebeln, Chili

CHIRIMOYA (Peru): weißfleischige, mildsüßliche Frucht mit schwarzen Kernen

CARAPULCRA (Peru): traditioneller Eintopf der Andenregion mit Kartoffeln, Schweinespeck und Gewürzen

FEIJOADA (Brasilien): ursprünglich aus Portugal stammendes brasilianisches Nationalgericht aus Schweinefleisch, Reis und Bohnen

QUINDIM (Brasilien): Süßspeise aus Eigelb, Zucker und Kokosraspeln

MATE (Argentinien): beliebter Tee aus den Blättern des Matestrauchs, der mit einem *Bombilla*, einem schlanken Strohhalm, getrunken wird

TAJINE (Marokko): nordafrikanischer Schmortopf mit Fleisch und Gemüse, benannt nach dem Gefäß, in dem das Gericht gekocht wird

SAUERKRAUT (Deutschland): vergorener, in Salzlake eingelegter Weißkohl, Beilage für diverse Fleisch- und Wurstgerichte

BAGEL (Polen): Teigring, der erst in Wasser gekocht und anschließend gebacken wird. Ursprünglich aus Polen stammend, ist der Bagel heute vor allem in den USA beliebt.

HUMMUS (Libanon): Creme aus pürierten Kichererbsen, Zitronensaft, *Tahina* (Sesampaste), Olivenöl, teils auch mit Knoblauch und Paprikagewürz; wird zu Pitabrot gereicht

BŒUF STROGANOFF (Russland): saftiges Schmorgericht aus Kalbfleisch, Champignons und Sauerrahm, mit Reis, Nudeln oder Kartoffeln als Beilage

KISSEL (Russland): angedickte Nachspeise, ähnlich einer Kaltschale, aus Beeren, Fruchtsaft, Kartoffel- oder Maisstärke und Honig

MOMO (Nepal): Teigtaschen aus Gerstenmehl, gefüllt mit Schweine- oder Lammfleisch, gewürzt mit Koriander

GYŌZA (Japan): kleine frittierte Teigtaschen, gefüllt mit Schweinefleisch und Gemüse

SUSHI (Japan): das Markenzeichen der japanischen Küche besteht aus gekochtem, gepresstem Reis, Reisessig, rohem Fisch oder Meeresfrüchten, Gemüse, Ei und Fleisch, in Nori-Algen eingerollt

WAN TAN (China): mit Fleisch gefüllte Taschen aus sehr dünnem Teig, serviert in Suppen, frittiert oder als Vorspeise

FRÜHLINGSROLLEN (China): frittierte Teigrolle aus Reismehl mit einer Füllung aus Gemüse und Fleisch, serviert mit süßsaurer Soße

CHAI (Indien): Schwarztee mit Gewürzen wie Kardamom, Nelke, schwarzem Pfeffer, Muskat, Ingwer und Zimt

CURRY (Indien): Gericht mit pikanter bis sehr scharfer Gewürzmischung (aus Kurkuma, Pfeffer, Ingwer, Chili, Ginseng, Senfkörnern, Zimt …)

KIMCHI (Korea): scharfe Beilage aus vergorenem Kohl und Gemüse, Zwiebeln, Knoblauch und Chili

SOM TAM (Thailand): Salat aus grüner Papaya, Limette, Fischsoße, Palmzucker und Chili – köstlich!

PHAT THAI (Thailand): Reisnudeln mit Garnelen, Hühnchen und Ei, Fischsoße, gehackten Erdnüssen und Koriander

DAMPER (Australien): einfaches, traditionelles Brot aus Mehl, gemahlenen Grassamen oder Nüssen, das in der Asche von Lagerfeuern gebacken wird

PAVLOVA (Australien): Torte aus *Baiser* (einem Gebäck aus Eischnee), die mit Schlagsahne und Früchten gefüllt wird

HOKEY-POKEY-BISCUITS (Neuseeland): knusprige Karamellkekse, serviert mit Vanilleeis

CACHUPA (Kapverdische Inseln): Schmorgericht, bestehend aus Fleisch oder Fisch, Mais, Bohnen, Kürbis, Maniok, Tomate und Koriander

KÉDJÉNOU (Zentralafrika): Schmortopf mit Hühnchen oder Perlhuhn und Gemüse, typisch für die Elfenbeinküste

DORO WOT (Äthiopien): Geflügeleintopf mit Gemüse, Gewürzen und Gewürzbutter

UGALI (Botsuana): Getreidebrei aus Maismehl, in Salzwasser gekocht

OKRA (tropisches Afrika): bohnenähnliche Frucht, die man roh in Salat, gekocht oder gebacken verzehrt

MARULA-FRUCHT (Südafrika): gelbe, runde Steinfrucht des Elefantenbaums mit weißem, süß-saftigem Fruchtfleisch und proteinreichen, ölhaltigen Samen mit nussigem Geschmack

Traditionelle Kleidung

Verschiedenartige Farben, Muster, Stoffe und Stile, dazu unendlich viele Gürtel, Tücher und ausgefallene Kopfbedeckungen ... Hier zeigen wir dir traditionelle Kleidungsstücke unterschiedlicher Kulturen, wie die der Herero, der Eskimos oder der peruanischen Andenbevölkerung – eine modische Rundreise um den Globus!

ALASKA (USA):

Eskimos leben in extremer Kälte und fertigen ihre Kleidung aus Tierhäuten: Stiefel aus Robbenfell, Hosen aus Bärenfell, Handschuhe und Jacken aus Karibuleder und sogar Wolfsfellmützen.

SCHOTTLAND (GROSSBRITANNIEN):

Ein Kilt ist ein knielanger, karierter Wickelrock für Männer. Das Karomuster (der Tartan) unterscheidet sich von Region zu Region. Heute trägt man den Kilt vor allem zu besonderen Gelegenheiten.

HAWAII:

Für den Hula (einen Tanz) tragen die Menschen auf Hawaii Röcke, Armbänder, Hals- und Fußketten sowie Kronen, allesamt handgemacht aus Blättern, Blüten und getrocknetem Obst.

SAUDI-ARABIEN:

Wusstest du, dass die Männer in Saudi-Arabien gewöhnlich einen Thawb tragen? Das ist ein weites, ursprünglich weißes Gewand, das es inzwischen auch in anderen Farben und Schnitten gibt. Die Kufiya, ein um den Kopf gewickeltes Tuch, schützt vor Sonne, Kälte und Sand.

PERU:

In den Anden tragen die Menschen traditionell einen farbenfrohen Poncho und eine gemusterte Wollmütze, dazu Ojotas, Sandalen aus Leder oder recyceltem Gummi.

NAMIBIA:

Früher trugen die Frauen aus dem Volk der Herero reich verzierte Lederkleidung, bis Ende des 19. Jahrhunderts deutsche Missionare das „Ohorokova" einführten, ein prunkvolles Kleid mit Mieder, mehreren Unterröcken und eleganter Kopfbedeckung. Heute gehört diese Aufmachung zum kulturellen Erbe und wird mit Stolz zur Schau getragen.

RUSSLAND:

Diese traditionelle russische Tracht stammt aus den ländlichen Gegenden und heißt Sarafan („von Kopf bis Fuß") – sie besteht aus einem langen ärmellosen Kleid, das mit weißer Bluse und Stoffgürtel getragen wird.

INDIEN:

Millionen Inderinnen tragen tagtäglich den Sari, ein rechteckiges Tuch aus Seide oder Baumwolle, das um den Körper gewickelt wird. Manche Saris sind bis zu neun Meter lang.

JAPAN:

Der traditionelle Kimono ist eine offene, knöchellange Tunika mit weiten, langen Ärmeln, die mit einer breiten Schärpe, dem Obi, gebunden wird. Je nach Geschlecht, Alter, Familienstand, Jahreszeit oder Anlass gibt es verschiedene Modelle.

AUSTRALIEN:

Früher bedeckten sich die Aborigines kaum. Sie bemalten ihre Körper mit natürlichen Pigmenten (wie Ocker, Lehm oder Kohle). Weiß galt als Farbe für Himmel, Luft und Sterne und symbolisierte die Vorfahren.

Kopfbedeckungen weltweit

RASTA-MÜTZE (Jamaica): typisch jamaikanisch, unverwechselbar durch das rot-gelb-grüne Streifenmuster. Viele Rastafaris tragen *Dreadlocks,* also Filzlocken.

WOLLMÜTZE (Peru): handgestrickt aus Alpaka- oder Lamawolle zum Schutz gegen die extreme Kälte in den Anden, zu erkennen an den bunten Mustern und Ohrenklappen mit Kordeln

TURBAN (Ghana): weit verbreitete gewickelte Kopfbedeckung aus rund fünf Meter langer Stoffbahn, in vielen verschiedenen Größen und Farben mit unterschiedlicher Bedeutung

COWBOYHUT (USA): Vor fast zwei Jahrhunderten entstanden, diente der Cowboyhut den amerikanischen Viehhirten als Schutz gegen Sonne und Regen.

SOMBRERO (Mexiko): breitkrempiger Hut aus Stroh, Wollfilz oder Hasenfell (je nach Region) – das typische Souvenir aus Mexiko; ursprünglich vielseitig eingesetzt, zum Schutz vor Sonne, Wind und Regen oder zum Anfachen des Feuers

BASKENMÜTZE (Frankreich): anfangs die Kopfbedeckung spanisch-französischer Schäfer, denen die flache Kappe als Schutz diente. Später brachten Pariser Künstler und Künstlerinnen sie in Mode.

REISHUT (Vietnam): Früher trug man diesen kegelförmigen Strohhut bei der Feldarbeit zum Schutz vor Sonne und Regen im tropischen Klima Vietnams. Heute wird er zu verschiedenen Gelegenheiten getragen.

FES ODER TARBUSCH (Marokko): eine früher im Orient weit verbreite Kopfbedeckung aus rotem Filz mit Quaste, die nach der Stadt Fès in Marokko benannt ist, wo sie ihren Ursprung hat.

MELONE (Bolivien): Dieser Hut, auch *Bombín* genannt, gehört zur Tracht der bolivianischen *Chola* (der indigenen Frauen).

USCHANKA (Russland): Die bekannte Fellmütze stammt vermutlich aus dem Mittelalter und schützt vor den extrem niedrigen Temperaturen in Russland. Die beweglichen Klappen können Ohren und Nacken bedecken.

TOPI (Nepal): typisches Souvenir aus Nepal – gewebte Mütze aus *Dhaka,* einem gemusterten Baumwollstoff in bunten Farben

KIPPA (Israel): bedeutet so viel wie „Kuppel" auf Hebräisch; von jüdischen Männern aus religiösen und traditionellen Gründen getragen

KOFIA (Kenia): in vielen afrikanischen Ländern verbreitet, insbesondere in Kenia. Es gibt sie in verschiedensten Mustern und Farben.

Iglu-Bauanleitung

Ein Iglu wird aus festen Schneeblöcken gebaut. Damit es drinnen warm ist, darf das Iglu nicht zu groß sein. Außerdem sollte Tageslicht hineingelangen. Einen zusätzlichen Schutz vor den außen herrschenden Wetterbedingungen bietet eine Schicht Schnee auf Höhe der ersten Reihe Schneeblöcke.

1. Wähle eine geeignete ebene Stelle und trage etwas Schnee ab.
2. Schneide quaderförmige Blöcke aus festem Schnee und platziere die erste Reihe Schneeblöcke kreisförmig nebeneinander. Stapele die nächste Reihe leicht nach innen versetzt darauf.
3. Baue Reihe für Reihe weiter, sodass eine Kuppel entsteht. Lass oben eine Abzugsöffnung frei.
4. Stopfe die Fugen zwischen den Blöcken mit Schnee.
5. Lege als Eingang einen kleinen Schneetunnel an, damit keine Zugluft ins Innere gelangt.

IGLU (USA, Kanada, Grönland): Das Wort Iglu stammt aus der Sprache der Inuit (Eskimos) Nordamerikas und Grönlands und bedeutet so viel wie „Haus". Iglus dienen auf der Jagd im Winter als Unterschlupf zum Schutz vor der Kälte.

TORFHOF (Island): Dach, Seitenwände und Rückwand bestehen aus aufeinandergestapelten Grassoden oder Torfplaggen. Diese Bauweise gleicht stärkere Klimaschwankungen besonders gut aus.

WALK-UP-APARTMENT (USA): Gebäude mit vier oder fünf Etagen ohne Aufzug (deshalb *walk up*, zu Deutsch: „hinaufsteigen"). Im 19. Jahrhundert eine günstige Form des Wohnens in der Stadt, vor allem in New York. Typisches Kennzeichen sind die Feuerleitern an der Außenfassade.

COTTAGE (Irland): in ländlichen Gegenden von der bäuerlichen Bevölkerung genutzte Häuser mit Stroh- oder Reetdach. Diese Hausform wird in Irland als *teachín* bezeichnet.

CORTIJO (Spanien): typisches Landhaus im Süden Spaniens, das neben dem Wohnhaus aus mehreren Nebengebäuden besteht, die der Landwirtschaft dienen

FRANZÖSISCHER KOLONIALSTIL (USA): von französischen Kolonisten im Mississippi-Tal erbaut, angepasst an das dortige feucht-schwüle Klima mit überdachten Balkonen

BLAUE HÄUSER VON CHEFCHAOUEN (Marokko): Diese blaue Stadt verdankt ihren Namen den unzähligen, in allen erdenklichen Blautönen gestrichenen Häusern – von Königsblau über Kobalt bis hin zu Türkis.

PAINTED LADIES (USA): So werden in der amerikanischen Architektur Häuser aus dem 19. Jahrhundert in San Francisco genannt, die drei- oder mehrfarbig gestrichen sind.

LEHMHÄUSER (Mali): In der Stadt Djenné bestehen die Häuser aus Lehm. Das schützt besonders gut gegen die extreme Hitze. Kleine, in den Lehm eingelassene Maueröffnungen lassen Licht und Luft ins Innere, dienen aber zugleich als Sichtschutz.

KOLONIALHÄUSER IN CARTAGENA (Kolumbien): In dieser Hafenstadt gibt es eine Fülle an Herrenhäusern, Palästen, Klöstern und Festungen aus der spanischen Kolonialzeit. Sie wurden zwischen dem ausgehenden 16. und dem beginnenden 18. Jahrhundert erbaut und fallen heute besonders durch ihre kräftigen Farben auf.

HÄUSER DES ALTIPLANO (Bolivien): aus Lehm gebaute Häuser mit Dächern aus Gras, beides in der bolivianischen Hochebene reichlich vorhandene Materialien

FAVELAS (Brasilien): Armensiedlungen mitten in den Großstädten, die meist direkt neben den wohlhabenden Vierteln liegen, sodass die Bewohner und Bewohnerinnen schnell zu ihren Arbeitsstätten gelangen

RUKA (Chile und Argentinien): traditionelles Wohnhaus der Mapuche, einem indigenen Volk Südamerikas. Die Ruka hat eine ovale Grundfläche und besteht aus pflanzlichen Baumaterialien: Für Stabilität sorgt ein Gestell aus Holzbalken, das Dach ist mit Schilfgras verkleidet.

Die bevölkerungsreichsten Länder der Erde

Stell dir vor: In nur zwei Ländern leben über ein Drittel der Menschen weltweit!

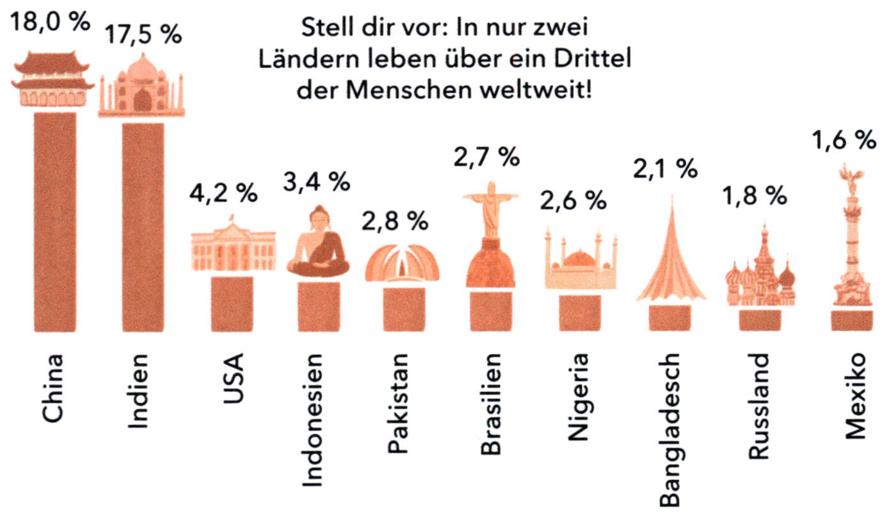

Häuser

Seit die Menschen sesshaft wurden, haben sie Häuser gebaut. Manche Baustile blieben über Jahrhunderte unverändert, andere unterlagen dem Wandel. Dass Häuser in unterschiedlichen Regionen sehr verschieden aussehen, hängt mit dem jeweiligen Klima und den Lebensgewohnheiten der Bewohner und Bewohnerinnen zusammen.

LAVVU (Skandinavien): Zelt aus Leder und Holzpfählen mit einer Öffnung oben als Rauchabzug; traditionell von den Rentier-Hirtenfamilien der indigenen Sami genutzt

RORBU (Norwegen): Fischerhütten auf Stelzen, die früher hauptsächlich im Sommer genutzt wurden

FACHWERKHAUS (Deutschland): Für Stabilität sorgen miteinander verzapfte Holzbalken, die Zwischenräume sind mit Lehm oder Ziegelsteinen gefüllt.

GRACHTENHÄUSER IN AMSTERDAM (Niederlande): Typisch schmale Fassaden, die am Giebel oft verziert sind. Viele dieser Häuser haben im oberen Stockwerk einen ausladenden Balken mit einem Flaschenzug daran – so ließen sich Waren früher leicht nach oben befördern.

ISBA (Russland): Wohnhaus der russischen Landbevölkerung in Blockhausbauweise, mit Heuboden und Scheune

JURTE (Asien): traditionelles Zelt der Nomaden Zentralasiens, leicht auf- und abzubauen und zu transportieren

NAGAKIN CAPSULE TOWER (Japan): Hochhaus mit Wohnungen und Büros. Der „Kapsel-Turm" besteht aus 140 Modulen à zehn Quadratmetern.

LEHMHÄUSER (Syrien und Türkei): bienenkorbförmige Häuser, die selbst in der heißen Wüste angenehm kühl sind

TRADITIONELLES HAUS (China): Das traditionelle chinesische Haus zeichnet sich durch ein geschwungenes Dach und spitz zulaufende, nach oben gebogene Dachüberhänge aus. Diese Dachform begünstigt den Abfluss des Regenwassers.

WEISSE HÄUSER (Griechenland): Die Häuser der Kykladen sind mit weißer, vor Hitze schützender Kalkfarbe gestrichen, Fenster und Türen sind meist blau.

MUDHIF (Irak): traditionelles Wohnhaus in den Sumpfgebieten im südlichen Irak, aus Stroh, Lehm und Schilf

STELZENHAUS (Myanmar): Haus auf Stelzen an den Ufern des Inle-Sees, mit Wänden und Boden aus geflochtenem Bambus. Die Menschen hier leben vom Fischfang und Gemüseanbau.

HANOK (Korea): traditionelles koreanisches Wohnhaus aus Holz mit Dach aus gebrannten, meist dunkelgrauen Tonziegeln

HÜTTEN DER MASSAI (Kenia): aus getrocknetem Kuhdung, Gras und Lehm gebaut und somit stabil und wasserdicht, ohne Fenster

BUNTE HÄUSER (Indien): In Panaji, der Hauptstadt Goas, stehen diese bunt angemalten Häuser, erbaut im 18. und 19. Jahrhundert im portugiesischen Stil, mit roten Ziegeldächern und Fassaden in Rot, Blassgelb, Grün oder Blau.

HAUS MIT SATTELDACH (hier: Australien): weltweit verbreiteter Baustil mit Satteldach, das reichlich Schatten spendet, aus Ziegelsteinen, Holz oder beidem, teils mit Terrasse und Veranda

DORFHAUS (Malawi): Lehmhaus mit Veranda *(khonde)* und Holzpfeilern, die das Strohdach tragen

MAORI-HAUS (Neuseeland): Das traditionelle Wohnhaus der Maori ist ein *Whare Puni,* eine einfache Hütte mit niedrigem Dach, gestampftem Lehmfußboden und kleinem Eingang – je nach Gebiet gebaut aus Schilf oder Baumrinde.

KOLONIALHÄUSER (Südafrika): Die niederländisch geprägten weiß getünchten Häuser findet man vorwiegend am Westkap. Sie haben einen abgerundeten, verzierten Giebel über dem mittig gelegenen Haupteingang.

Die allermeisten Behausungen wurden und werden aus einheimischen Materialien gefertigt. Daher überrascht es nicht, dass die Häuser in warmen Gebieten aus Lehm bestehen, solche in Waldgebieten hingegen aus Holz und Häuser in arktischen Regionen bisweilen aus Schnee.

Bauwerke

Die Welt steckt voller Überraschungen. Auf dieser Doppelseite lernst du Bauten und Sehenswürdigkeiten kennen, die nicht nur aufgrund ihrer Größe beeindrucken, sondern auch, weil sie besonders bedeutend und schön sind. Bauwerke der Menschheit, einige von ihnen uralt, andere noch unvollendet, religiöse Tempel, historische Festungen und sagenumwobene Grabstätten … Sie alle gehören zu unserem kulturellen Erbe, das wir schützen und bewahren müssen.

1 Chinesische Mauer (China)

Dieses kolossale Bauwerk von ursprünglich 21 000 Kilometer Länge wurde zwischen dem 7. Jahrhundert v. Chr. und dem 16. Jahrhundert n. Chr. als Schutzwall gegen feindliche Angriffe errichtet. Heute sind noch rund 4000 Kilometer der Großen Mauer erhalten.

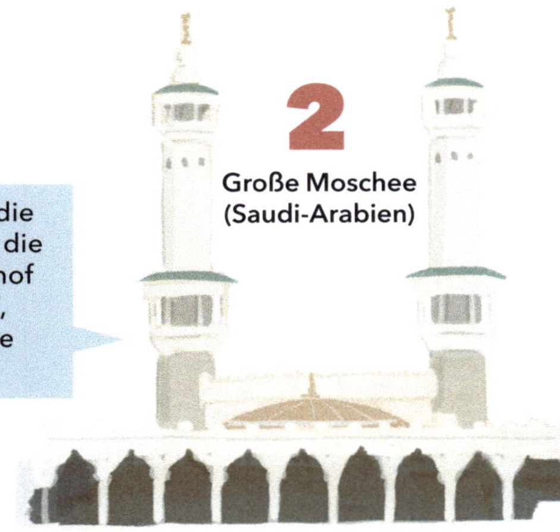

2 Große Moschee (Saudi-Arabien)

Die al-Harām-Moschee in Mekka ist die größte Moschee der Welt und gilt als die heiligste Stätte des Islams. Im Innenhof liegt die Kaaba, das „Haus Gottes“, in dessen Richtung sich die Muslime beim Gebet wenden.

3 Tadsch Mahal (Indien)

Dieses beeindruckende Mausoleum (Grabmal) aus weißem Marmor steht in der Stadt Agra und wurde im 17. Jahrhundert vom Großmogul Shah Jahan in Auftrag gegeben – als Zeichen seiner Liebe zu seiner verstorbenen Ehefrau Mumtaz Mahal.

4 Freiheitsstatue (USA)

Dieses Wahrzeichen von New York war ein Geschenk der Franzosen zum hundertjährigen Jubiläum der Unabhängigkeitserklärung der Vereinigten Staaten (USA) im Jahr 1886. Die zerbrochene Kette zu Füßen der 46 Meter hohen Statue symbolisiert das Ende von Sklaverei und Unterdrückung.

5 Kolosseum (Italien)

Das Amphitheatrum Flavium stammt aus dem ersten Jahrhundert n. Chr. und diente im antiken Rom als Unterhaltungsstätte: Hier wurden Seeschlachten, Gladiatoren- und Tierkämpfe zum Vergnügen des Volkes ausgetragen.

6 Machu Picchu (Peru)

Die antike Inkastadt Machu Picchu („alter Berg“) in der Region Cusco wurde Mitte des 15. Jahrhunderts in über 2400 Metern Höhe errichtet.

7 Golden Gate Bridge (USA)

Die berühmte Hängebrücke ist die bekannteste Sehenswürdigkeit von San Francisco. Durch die markante orangerote Farbe hebt sich die Brücke von der Umgebung ab und ist auch bei Nebel gut zu sehen.

8 Opernhaus von Sydney (Australien)

Das berühmte Wahrzeichen Sydneys und Australiens mit dem markanten weißen, an Muschelschalen erinnernden Dach wurde 1957 vom dänischen Architekten Jørn Utzon entworfen und 1973 eingeweiht.

9 Pyramiden von Giseh (Ägypten)

Die antike Begräbnisstätte von Giseh liegt auf einem Kalksteinplateau 20 Kilometer vor Kairo und umfasst unter anderem drei Hauptpyramiden, die nach den Pharaonen, die sie errichten ließen, benannt sind: Cheops, Chephren und Mykerinos.

10 Klagemauer (Israel)

Tagtäglich begeben sich Tausende gläubiger Juden zu dieser religiösen Stätte in Jerusalem, um zu beten und die Mauer des vor 2000 Jahren zerstörten Tempels zu berühren.

Die Akropolis von Athen ist wahrscheinlich die bekannteste antike griechische Stadtfestung. Sie wurde auf einem 156 Meter hohen Felsen erbaut und war sowohl Verteidigungsstätte als auch „Sitz der Götter".

13 Akropolis (Griechenland)

Big Ben gilt als Symbol Londons und bezeichnet eigentlich die schwerste Glocke im berühmten Uhrenturm (Elizabeth Tower) des Westminsterpalastes und nicht den Turm selbst.

14 Big Ben (Großbritannien)

Eiffelturm (Frankreich)

11

Der von Gustave Eiffel zur Weltausstellung 1889 in Paris erbaute 300 Meter hohe Stahlturm ist das Wahrzeichen der französischen Hauptstadt und bietet eine beeindruckende Aussicht über Paris.

12

Cristo Redentor (Brasilien)

Diese monumentale Christus-Statue mit weit geöffneten Armen ist eine der Touristenattraktionen von Rio de Janeiro. Sie steht auf dem Monte Corcovado in 710 Metern Höhe und wacht über die Stadt Rio.

Alhambra ist arabisch und bedeutet „rote Festung". Die komplett ummauerte Burganlage liegt auf dem Sabikah-Hügel, überragt die Stadt Granada und besteht aus Palästen, Innenhöfen, Gärten und einer Festung, der Alcazaba.

15

Angkor Wat (Kambodscha)

16 Alhambra (Spanien)

Die Tempelanlage von Angkor liegt mitten im tropischen Regenwald und ist mit über tausend Tempeln auf 200 Quadratkilometern die größte religiöse Stätte weltweit. Ursprünglich als hinduistische Kultstätte geplant, verwandelte sich Angkor Wat mit den Jahrhunderten in einen buddhistischen Tempel.

17

Sagrada Família (Spanien)

Diese katholische Kirche in Barcelona gilt als Meisterwerk des Architekten Antoni Gaudí. Der Bau wurde 1882 begonnen und ist noch immer nicht abgeschlossen. Die Sagrada Família (Heilige Familie) ist inzwischen das höchste Gebäude der Stadt, das nur von den zwei nahegelegen Bergen Montjuïc und Tibidabo überragt wird.

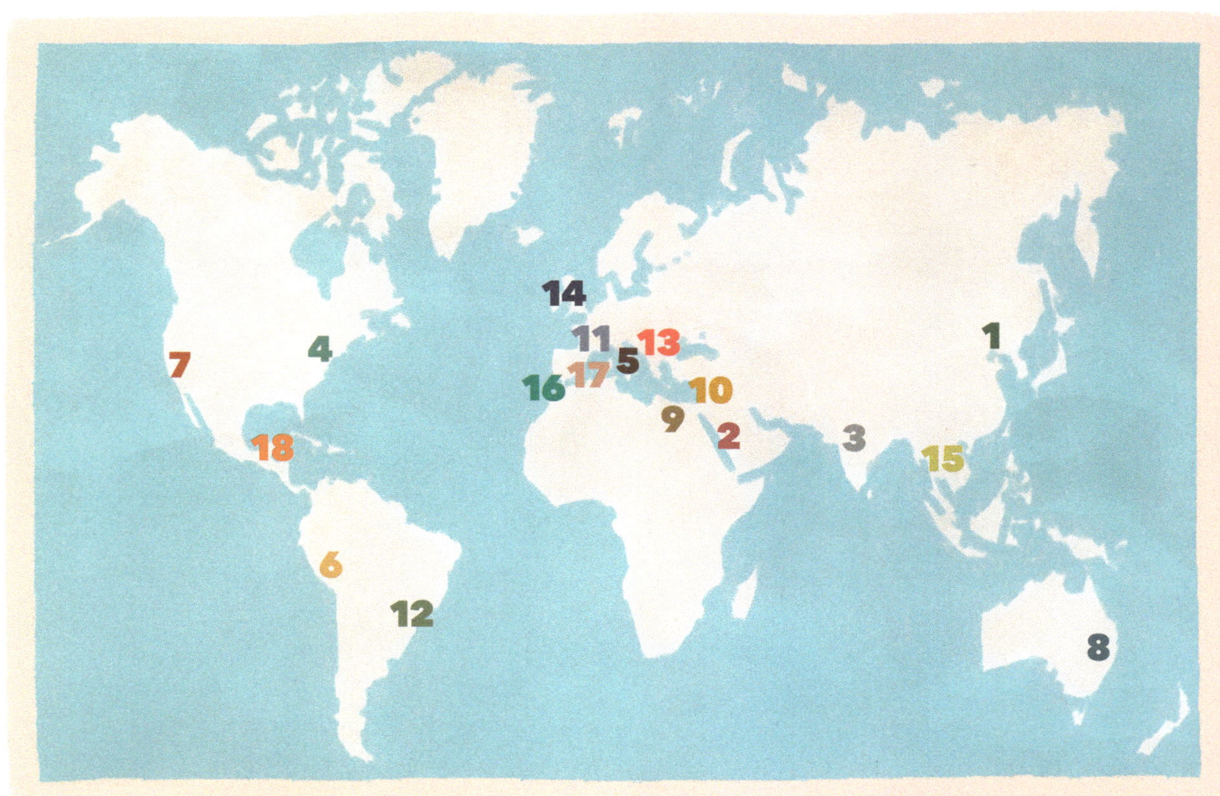

Chichén Itzá ist eine bedeutende Ruinenstätte aus der Maya-Zeit. Die große Stufenpyramide des Kukulcán überragt alles. Chichén Itzá bedeutet „am Rande des Brunnen der Itzá", damit ist eine wassergefüllte Cenote (Kalksteinhöhle) nördlich der Pyramide gemeint.

Chichén Itzá (Mexiko)

18

Pflanzen weltweit

Pflanzen sind nicht nur wunderschön, sie haben auch fast alle Regionen der Erde erobert: ob zu Lande oder zu Wasser, im frostigen Sibirien oder in der heißen Namib, ob im kargen Gebirge oder in den feucht-warmen Tropen – überall sprießt und blüht es. Und das ist für uns alle lebenswichtig. Denn Pflanzen liefern uns Nahrung und produzieren jede Menge Sauerstoff. Erfahre mehr über diese faszinierenden Lebewesen!

WEISSTANNE: Dieser in europäischen Gebirgsregionen anzutreffende Nadelbaum wird bis zu 50 Meter hoch. Aus dem Holz werden Häuser, Möbel, Musikinstrumente sowie Papier hergestellt. Knospen, Rinde und Nadeln der Weißtanne werden vielseitig als Heilmittel, zum Beispiel bei Atemwegserkrankungen, eingesetzt.

KLATSCHMOHN: Diese in Europa und Asien verbreitete Pflanze ist eine einjährige Art – das bedeutet, sie keimt, wächst, blüht und stirbt innerhalb eines Jahres. Da Mohn häufig in Weizen- und Gerstenfeldern wächst und dort die Nährstoffe aus dem Boden zieht, sieht man ihn in der Landwirtschaft ungern.

VERGISSMEINNICHT: Diese krautige Pflanze mit blauen Blüten stammt ursprünglich aus dem Gebirge, ist mittlerweile als Zierpflanze weit verbreitet und steht für die ewige Liebe. Sie ist die Staatsblume Alakas (USA).

ZUCKER-AHORN: Dieser Baum ist vor allem in den USA und Kanada verbreitet. Im Herbst färben sich seine Blätter leuchtend rot. Die Nationalflagge Kanadas zeigt ein solches Blatt. Aus dem Saft des Ahorns wird der bekannte Ahornsirup gewonnen.

KAKTUS: Kakteen wachsen in trockenen Regionen Nord- und Südamerikas und sind eng mit der mexikanischen Kultur verbunden. Es gibt viele verschiedene Arten, die unterschiedlich genutzt werden: Der Feigenkaktus, abgebildet auf der mexikanischen Flagge, verfeinert Salate und wird als Fleischbeilage gegessen. Aus Agaven wird Sirup gewonnen, aus ihren Fasern werden Seile hergestellt.

PALMEN: Die rund 2500 verschiedenen Palmenarten wachsen überwiegend in den Tropen und Subtropen – es gibt Kokospalmen, Ölpalmen, Dattelpalmen, Rattanpalmen ... Die einzelnen Bestandteile einer Palme kommen vielfältig zum Einsatz: als Nahrungsmittel, Baumaterialien und zur Möbelherstellung.

KAFFEE: immergrüner Strauch, aus dessen Samen (Bohnen) Kaffee gemacht wird. Um Früchte zu tragen, braucht der Kaffeestrauch viel Feuchtigkeit. Er gedeiht in Höhen von 300 bis 2000 Metern. Eigentlich in Afrika beheimatet, brachten die Europäer den Kaffeestrauch nach Amerika, um so die steigende Nachfrage zu stillen.

CANTUA BUXIFOLIA: Nationalblume Perus, auch bekannt als „Kantuta“, zudem eine der Nationalblumen Boliviens und heilige Blume der Inka, die sie in vielen Zeremonien als Schmuck gebrauchten

MANGROVENBAUM: Diese Bäume mit über- und unterirdisch wachsenden Wurzeln kommen vorwiegend in den Mangrovensümpfen vor. Sie gedeihen im salzwasserhaltigen Gezeitenbereich tropischer und subtropischer Küstenregionen. Mangrovenwälder weisen eine hohe Artenvielfalt auf.

KÖNIGSPROTEA: Bei der Nationalblume Südafrikas handelt es sich um einen Strauch mit beeindruckenden weißen, blassrosafarbenen oder roten Blüten (mit bis zu 30 Zentimetern Durchmesser). Die Protea wächst wild in sandigen, relativ nährstoffarmen Böden und ist sehr widerstandsfähig.

SEEROSE: Diese weltweit verbreitete Wasserpflanze gedeiht in Teichen und stehenden Gewässern. Die Stern-Seerose ist die Nationalblume von Sri Lanka und Bangladesch. Der lange Stiel verankert sie unter Wasser im Boden und die dicken Blätter halten sie über Wasser.

BAOBAB: Dieser bis zu 25 Meter hohe Affenbrotbaum mit glatter Rinde und breitem Stamm wächst unter anderem auf Madagaskar, kann einen Durchmesser von elf Metern erreichen und über 1500 Jahre alt werden. In afrikanischen Kulturen gelten Baobabs als heilig.

WELWITSCHIE: Dieses Wahrzeichen Namibias wächst ausschließlich in der Wüste Namib und kann bis zu 1500 Jahre alt werden. Aus dem kurzen, rübenartigen Stamm wachsen zwei lange, dicke Blätter. Das Wurzelwerk kann einen Durchmesser von 30 Metern erreichen.

HIBISKUS: Dieser Strauch mit seinen roten, fünfblättrigen Blüten wächst in milden und tropischen Gebieten. Im Senegal ist seine Blüte die wichtigste Zutat des Nationalgetränks *Bissap*, sie wird aber auch in Salaten und zur Herstellung von Kuchen, Marmeladen und Soßen sowie als Heilmittel gebraucht.

JAPANISCHE BLÜTENKIRSCHE: Dieser sommergrüne Laubbaum blüht im Frühjahr in Weiß und Rosa. In Japan färben sich während des *Hanami* (Kirschblüten-Fest) die Parks und Gärten daher hellrosa und Familien und Freunde treffen sich zur Feier der *Sakura* (Kirschblüte).

EUKALYPTUS: Die meisten Eukalyptusarten stammen aus Australien, wo Koalas sich von ihren Blättern ernähren. Eukalyptusöl befreit die Nase und Atemwege, hilft bei Muskel- und Gelenkschmerzen und vertreibt sogar Mücken.

Völker und Kulturen

Die ersten Hochkulturen entwickelten sich in der Nähe von Gewässern, wie etwa am Nil in Ägypten. Dort fanden die Menschen ideale Bedingungen: Sie verfügten über ausreichend Trinkwasser und fruchtbares Land. Einige Kulturen überdauerten die Jahrhunderte, wie die der Inuit oder der Maori, andere sind vor langer Zeit untergegangen. Dennoch blieben einige ihrer Errungenschaften erhalten, wie etwa die Schrift, die schon von den Ägyptern genutzt wurde. Unsere heutige Gesellschaftsordnung basiert auf der der alten Römer und Griechen. Willst du mehr über Völker und Kulturen erfahren, dann lies weiter!

INDIGENE VÖLKER NORDAMERIKAS

Die indigenen Völker Nordamerikas, also die Ureinwohner, umfassen zahlreiche Stämme mit verschiedenen Sprachen und Lebensstilen. Je nach Gebiet unterscheidet man unter anderem zwischen Sioux im Norden, Apachen im Süden, Cherokee im Osten, Cheyenne im Gebiet der Great Plains und den Schwarzfuß im Nordwesten. Heute leben noch zwischen zwei und sechs Millionen Mitglieder dieser Stämme in Nordamerika.

CHINESISCHE VÖLKER

Die chinesischen Völker zählen zu den ältesten der Welt und bestehen bis heute. 1974 entdeckte man zufällig in Zentralchina eine ganze Armee aus lebensgroßen Terrakottafiguren: Der erste chinesische Kaiser war 210 v. Chr. zusammen mit 8000 Soldaten und Pferden aus Ton begraben worden. Sie sollten den Kaiser bei Schlachten im Jenseits begleiten.

MAYA

Die ersten Maya lebten bereits um 2000 v. Chr. in Mittelamerika. Die Blütezeit dieses Volkes war zwischen 600 und 900 n. Chr. Es verfügte früh über eine Schrift, die z. B. für den Maya-Kalender verwendet wurde. Der bestand aus einem runden Stein mit unzähligen Symbolen, die noch heute Zeugnis vom umfassenden astrologischen Wissen der Maya geben.

DIE ALTEN ÄGYPTER

Kennst du Kleopatra? Sicherlich hast du schon von dieser bedeutenden Pharaonin gehört. Im alten Ägypten herrschten nämlich auch Frauen und Kleopatra war eine von ihnen, ebenso wie Hatschepsut. Auch Nofretete, die Hauptgemahlin von Pharao Echnaton, hatte großen Einfluss.

AZTEKEN

Die Azteken, die im heutigen Mexiko lebten, verfügten über ein großes Wissen. So hatten sie beispielsweise einen 365 Tage umfassenden Jahreskalender, sie beherrschten verschiedene Anbautechniken und kannten sich mit Edelmetallen aus, wie Bronze, Silber und Gold. Nach der Eroberung Amerikas durch die Europäer ging ein Großteil dieser Zivilisation unter.

INKA

Die Inka waren zwischen dem 13. und 16. Jahrhundert eine bedeutende indigene Kultur in Südamerika. Sie hatten strenge Gesetze: Stahl jemand, so wurde ihm die Hand abgehackt, log jemand, sogar die Zunge. Die „Pachamama", die Mutter Erde, galt den Inka als heilig.

RÖMER

Einer römischen Sage zufolge wurde Rom von den Zwillingen Romulus und Remus gegründet. Sie galten als Söhne des Kriegsgottes Mars. Nach der Geburt waren sie in einem Weidenkorb auf dem Fluss Tiber ausgesetzt worden, doch eine Wölfin fand sie und zog sie groß.

MAORI

Dieses indigene Volk stammt aus Polynesien und lebt bis heute in Neuseeland. Hast du schon mal von den *All Blacks* gehört? Das ist die neuseeländische Rugby-Mannschaft. Vor ihren Spielen tanzen und singen sie den *Haka,* einen typisch maorischen Kriegstanz.

GRIECHEN

Die alten Griechen hinterließen uns viele Errungenschaften und Kunstwerke. Bis heute prägt ihre Kultur Europa. Die griechischen Denker legten den Grundstein unserer Wissenschaften. Auch die Demokratie geht auf die alten Griechen zurück.

INUIT

Zur Begrüßung geben wir einander die Hand, umarmen uns oder geben dem anderen einen Kuss auf die Wange.
Die Inuit haben hingegen ein ganz besonderes Begrüßungsritual: Sie reiben die Nasenspitzen aneinander. Probier doch auch mal den „Nasenkuss" aus!

WIKINGER

Die Wikinger waren ein großes Seefahrervolk. Das Meer hatte für sie eine so zentrale Bedeutung, dass man wichtige Persönlichkeiten auf dem Meer bestattete. Dazu wurde der Leichnam auf ein Boot gelegt und mit brennenden Pfeilen auf dem Wasser angezündet, sodass die Asche für immer Teil des Meeres wurde.

ZULU

Südafrika ist nach Bolivien und Indien das Land mit den meisten offiziellen Sprachen weltweit: Eine der elf Landessprachen ist isiZulu, die Sprache der einheimischen Zulu. Sie wird von zwölf Millionen Menschen gesprochen, also etwa so vielen, wie in Bayern leben.

Die Entstehung der Erde

Sagt dir der Begriff „Big Bang" etwas? Auf Deutsch sagt man auch „Urknall". Durch ihn entstand vor rund 14 Milliarden Jahren das Universum und in der Folge davon unsere Erde. Wie sehr sich im Laufe der Zeit das Aussehen der Erde verändert hat, siehst du hier.

URKNALL

WIE KOMMT ES, DASS AUF WEIT ENTFERNTEN ERDTEILEN GANZ ÄHNLICHE TIERE LEBEN, WIE DIE KROKODILE IN AFRIKA, AMERIKA UND AUSTRALIEN?

Obwohl heute ganze Ozeane zwischen den Kontinenten liegen, bildeten sie vor langer Zeit einen großen gemeinsamen Erdteil, auf dem die Vorfahren vieler heutiger Tiere lebten.

VOR 250 MIO. JAHREN

Vor langer Zeit bildeten alle Erdteile, wie wir sie heute kennen, einen gemeinsamen Urkontinent: Pangaea.

TRIAS

(vor 250 Mio. bis vor 200 Mio. Jahren)

Nachdem sich über einen Zeitraum von fast vier Milliarden Jahren ein lebensfreundliches Klima auf der Erde entwickelt hatte, verbreiteten sich in den Meeren und an Land erste Pflanzen und Tiere. Im Zeitalter der Trias gab es dann erstmals Dinosaurier.

VOR 200 MIO. JAHREN

Später teilten sich die Landmassen. Denn unterhalb der Erdkruste gibt es eine dicke Schicht (den Erdmantel) aus heißem, zähflüssigem Gestein, das in Bewegung ist. Darauf „schwimmen" die Landmassen, die „tektonischen Platten".

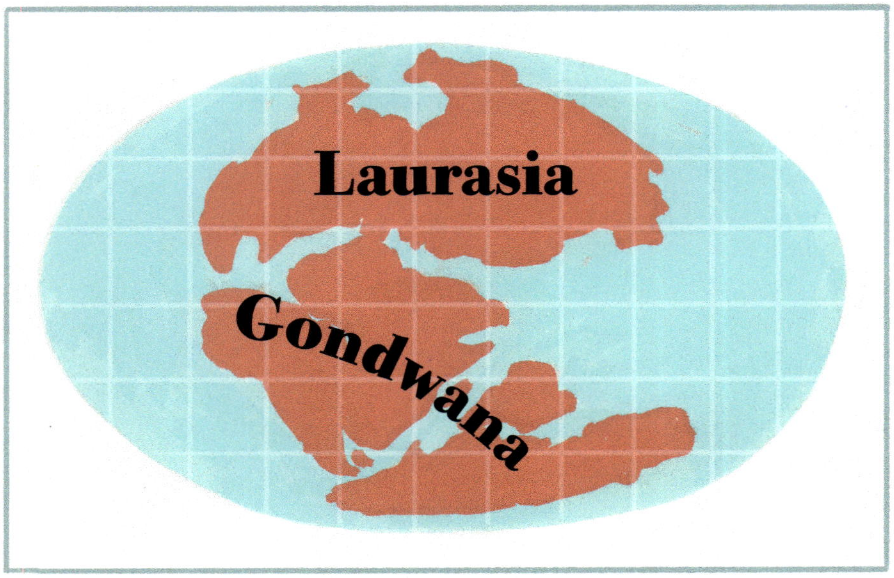

JURA

(vor 200 Mio. bis vor 145 Mio. Jahren)

Während die Kontinente auseinanderdrifteten, entwickelten und verbreiteten sich die Dinosaurier immer weiter.

Zu den jüngsten Arten zählen wir Menschen. Unsere Vorfahren sahen nicht so aus wie wir heute. Und wer weiß, wie zukünftige Generationen von Menschen aussehen werden?

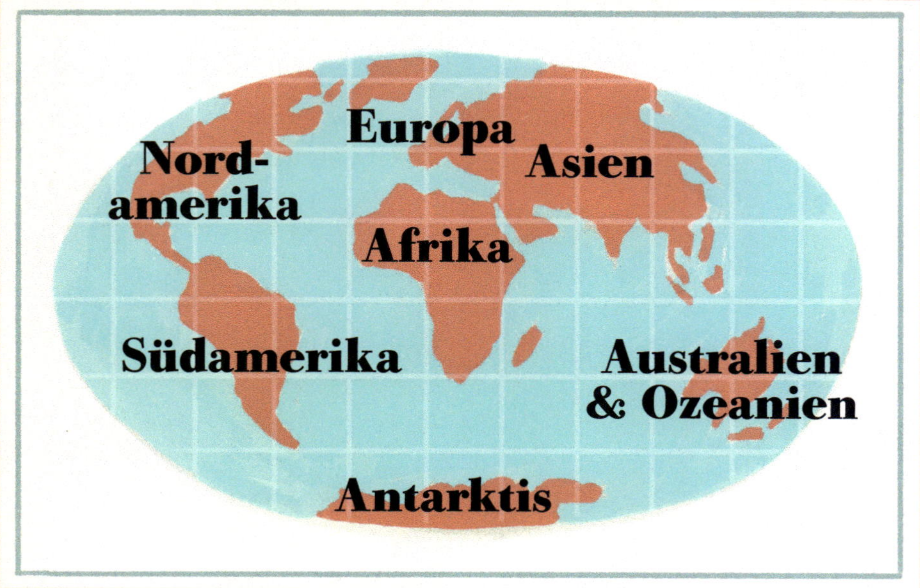

HEUTE

Diese letzte Karte zeigt die Kontinente in der Gegenwart. Aber aufgepasst: Du weißt ja, dass sich die Erdplatten permanent bewegen, das heißt, in ein paar Millionen Jahren liegt dein Zuhause vielleicht am Nordpol.

KÄNOZOIKUM

(vor 66 Mio. Jahren bis heute)

Die wenigen verbliebenen Tierarten erholen sich und entwickeln sich weiter. Besonders erfolgreich sind die Säugetiere. Eines davon ist das Mammut. Weißt du, was das für ein Tier ist? Quasi der Ururgroßvater des Elefanten, nur mit noch größeren Stoßzähnen und einem dicken Fell.

VOR 66 MIO. JAHREN

... haben sich die tektonischen Platten und damit die Erdteile noch weiter bewegt, sodass die Erde schon fast wie heute aussieht. Aber nur fast: Vergleiche einmal, wo Nord- und Südamerika damals lagen und wo sie heute sind. Die tektonischen Bewegungen können Kontinente also zusammenführen oder auch trennen.

KREIDE

(vor 145 Mio. bis vor 66 Mio. Jahren)

Die Dinosaurier leben gemächlich vor sich hin, Pflanzen und verschiedenste Tiere gedeihen prächtig ... und auf einmal trifft ein riesengroßer Asteroid die Erde! Plötzlich wird es dunkel und diese Dunkelheit hält eine sehr lange Zeit an. Alles wird zu Staub und Asche, die meisten Tiere und Pflanzen sterben. Auch die Dinosaurier werden vernichtet – bis auf wenige: die Vögel, ihre Nachfahren.

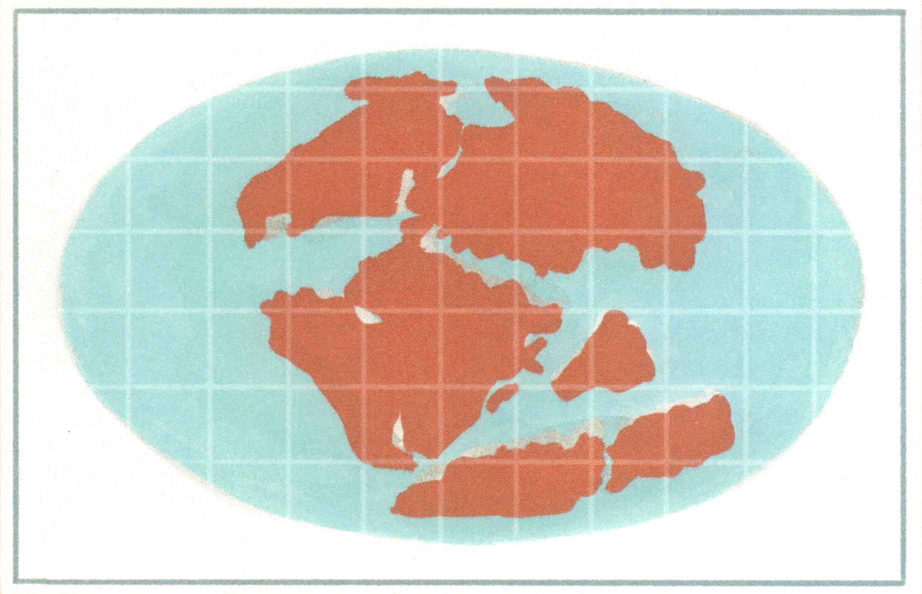

VOR 145 MIO. JAHREN

... bewegten sich diese Platten immer weiter, sie fielen wie „Puzzleteile" auseinander oder stießen aneinander und verursachten so Erdbeben, Vulkanausbrüche und falteten Gebirge auf.

Schrift und Sprache

Wir Menschen kommunizieren durch Mimik und Gestik, aber vor allem durch Sprache. Als Säuglinge brabbeln wir meist nur vor uns hin. Später, wenn wir heranwachsen, lernen wir die Sprache unserer Eltern. Erst sie zu sprechen, danach auch sie zu schreiben und zu lesen. Doch nicht überall auf der Welt spricht man ein- und dieselbe Sprache. Und auch die Schriftzeichen unterscheiden sich. In der Tabelle links unten siehst du, wie man „Hallo" in ganz vielen verschiedenen Sprachen schreibt, je nachdem, wo auf der Erde man sich gerade befindet. Lies weiter und erfahre noch viel mehr über die verschiedenen Sprachen und Schriften.

So wird das Wort „Hallo" in den meistgesprochenen Sprachen der Erde geschrieben:

1. ENGLISCH – hello
2. MANDARIN (CHINESISCH) – 你好
3. HINDI – नमस्ते
4. SPANISCH – hola
5. FRANZÖSISCH – salut
6. ARABISCH – مرحبا
7. BENGALI – হ্যালো
8. RUSSISCH – привет
9. PORTUGIESISCH – olá
10. DEUTSCH – Hallo

ZEICHENSYSTEME

Die meisten Schriftsysteme bestehen aus Zeichen. Dabei steht ein Zeichen für einen bestimmten Laut. Es gibt auch Schriftsysteme mit hörbaren oder fühlbaren Zeichen!

DAS MORSE-ALPHABET (hör- und sichtbare Zeichen)

Dieses Kommunikationssystem besteht aus Sequenzen langer oder kurzer Signale (z. B. Töne oder Lichtsignale), die jeweils einen Buchstaben darstellen.

A	● ▬	J	● ▬ ▬ ▬	S	● ● ●
B	▬ ● ● ●	K	▬ ● ▬	T	▬
C	▬ ● ▬ ●	L	● ▬ ● ●	U	● ● ▬
D	▬ ● ●	M	▬ ▬	V	● ● ● ▬
E	●	N	▬ ●	W	● ▬ ▬
F	● ● ▬ ●	O	▬ ▬ ▬	X	▬ ● ● ▬
G	▬ ▬ ●	P	● ▬ ▬ ●	Y	▬ ● ▬ ▬
H	● ● ● ●	Q	▬ ▬ ● ▬	Z	▬ ▬ ● ●
I	● ●	R	● ▬ ●		

DIE BRAILLESCHRIFT (fühlbare Zeichen)

Diese aus ertastbaren Zeichen bestehende Schrift wurde für blinde Menschen erfunden, die herkömmliche Schrift nicht lesen können. Jeder Buchstabe und jede Ziffer wird durch eine ertastbare Punkte-Kombination dargestellt.

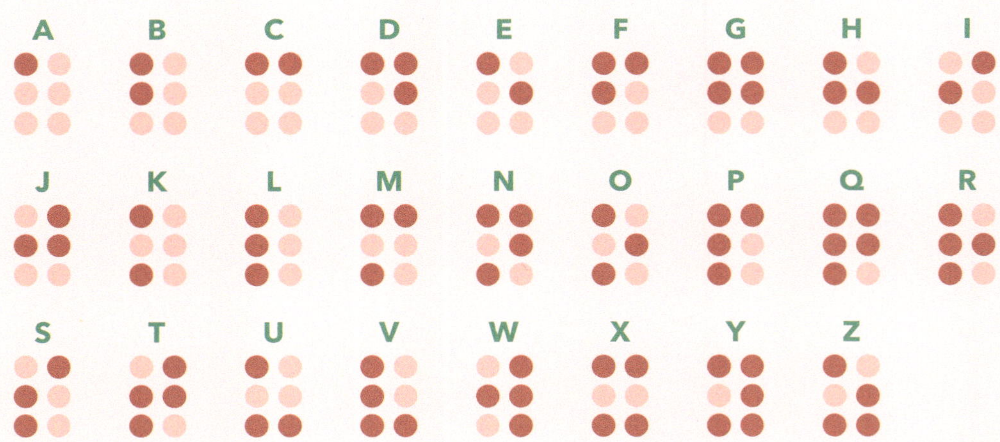

KANNST DU DEINEN NAMEN IN DER BRAILLESCHRIFT SCHREIBEN?
VERSUCH'S AUCH MAL MIT MORSEZEICHEN!

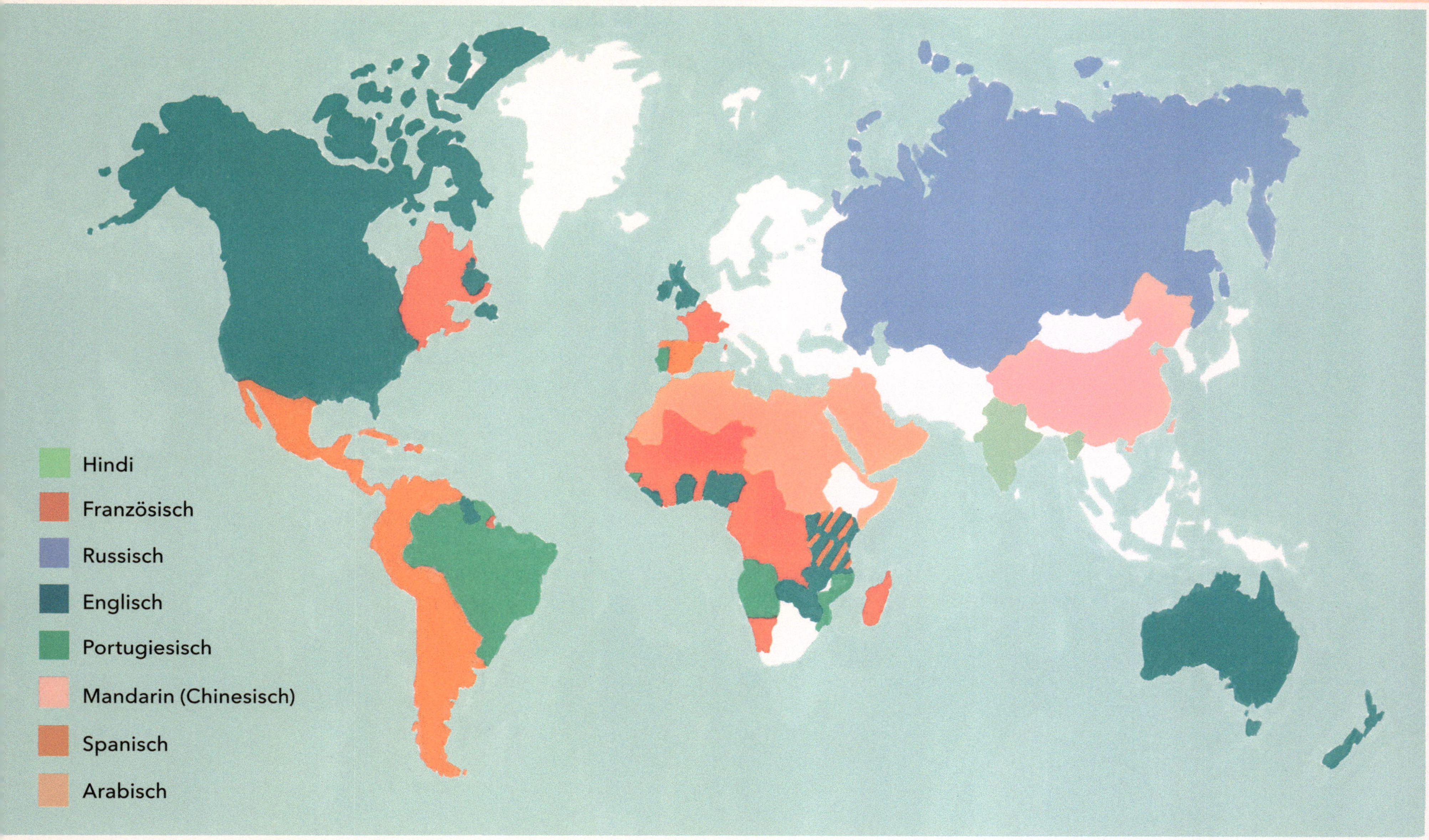

Schriftsysteme

Schriften stellen durch Zeichen Laute, Silben oder ganze Wörter dar. Von Sprache zu Sprache können die Schriftzeichen sehr unterschiedlich aussehen.

Deshalb müssen wir, wenn wir eine neue Sprachen lernen, oft erst einmal die jeweiligen Zeichen verstehen.

HAST DU SCHON MAL FREMDARTIGE SCHRIFTZEICHEN GESEHEN? KENNST DU BEISPIELSWEISE HIEROGLYPHEN?

DIE LATEINISCHE SCHRIFT

Dieses Zeichensystem wird heutzutage am meisten verwendet, zum Beispiel in der deutschen, englischen, französischen, spanischen und italienischen Sprache.

Das lateinische Alphabet besteht aus 26 Buchstaben, von A bis Z. Doch aufgepasst: Daneben gibt es oft noch mehr Zeichen, z. B. für die Umlaute (ä, ö, ü) im Deutschen.

DIE KYRILLISCHE SCHRIFT

Das kyrillische Alphabet wird in der russischen, serbischen, bulgarischen und ukrainischen Sprache verwendet. Es besteht aus bis zu 43 Buchstaben und entwickelte sich aus dem griechischen Alphabet.

DEVANAGARI

Devanagari ist eine sehr alte Schrift, die schon im siebten Jahrhundert verwendet wurde. Ein Wort ist jeweils durch einen Kopfstrich verbunden. Eine Vielzahl von Sprachen wird in Devanagari geschrieben, zum Beispiel auch das in Indien gesprochene Hindi.

DIE CHINESISCHE SCHRIFT (HÀNZÌ)

Die chinesische Schrift zählt zu den ältesten Zeichensystemen der Welt. Sie besteht aus Schriftzeichen, denen vorwiegend Silben zugeordnet sind, teilweise stellen die Zeichen aber auch ein ganzes Wort dar. Chinesen gebrauchen rund 3000 bis 5000 Schriftzeichen, es gibt aber mehr als 100 000 insgesamt.

Auf den ersten Blick sehen die japanischen und koreanischen Schriftzeichen den chinesischen sehr ähnlich, doch in jeder Sprache werden ganz eigene Symbole verwendet.

DIE ARABISCHE SCHRIFT

Dieses Alphabet besteht aus 28 Buchstaben. Es findet sich nicht nur im Arabischen, sondern auch im persischen Urdu, im Indonesischen und Kurdischen. Eine Besonderheit der arabischen Schrift ist, dass man von rechts nach links schreibt.

Sportarten

Wie viele Sportarten gibt es auf der Welt? Die Antwort darauf ist gar nicht so einfach. Man geht von 200 bis 250 Sportarten aus, doch vermutlich gibt es noch viel mehr – eine enorme Vielfalt also. Willst du wissen, welche Sportarten am beliebtesten sind und am meisten praktiziert werden? Hier kommen die Top 6 weltweit.

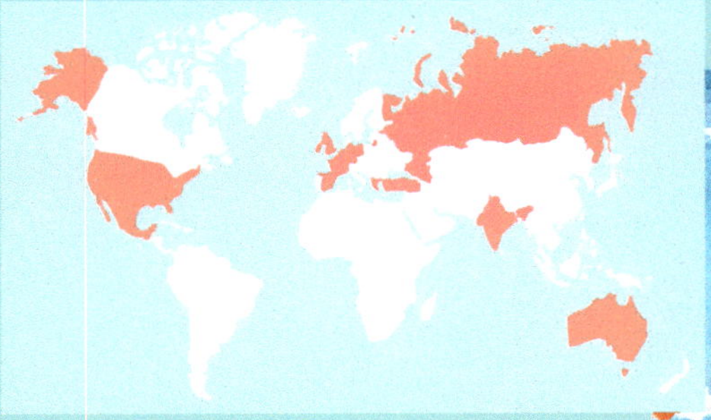

SCHWIMMEN: Schwimmen gilt als die vollkommenste Form des Sports und führt die Liste der meistpraktizierten Sportarten an. Kennst du den besten Schwimmer aller Zeiten? Ohne Frage ist das Michael Phelps. Was du vielleicht nicht wusstest: Er hat als Kind zunächst Rückenschwimmen gelernt, weil er Angst hatte, sein Gesicht unter Wasser zu tauchen.

FUSSBALL: Diese weltweit populärste Sportart üben weniger Menschen aus als Schwimmen. Anfangs, im 19. Jahrhundert, sah die Kleidung aller Mannschaften noch gleich aus. Das reinste Durcheinander! Später wurden dann farbige Trikots speziell für die einzelnen Teams geschneidert, sodass man sie besser unterscheiden konnte.

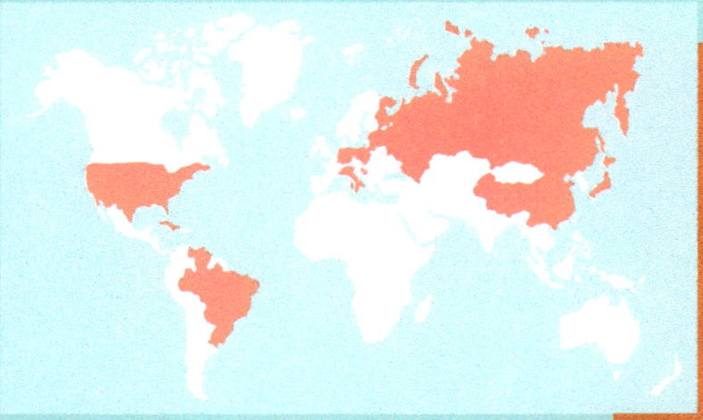

VOLLEYBALL: Die Nummer 3 der meistpraktizierten Sportarten weltweit. In der Regel wird Volleyball am Strand oder in der Halle gespielt. Am beliebtesten ist diese Sportart in den USA, in Japan, Brasilien, Polen und Russland.

BASKETBALL: Basketball, Platz 4, stammt aus Massachusetts (USA). Dort wurde 1891 der Sportlehrer James Naismith damit beauftragt, sich eine Sportart „auszudenken", die man drinnen praktizieren konnte, da es im Winter in Massachusetts recht kalt ist. Er erfand ein Spiel, bei dem ein Ball durch einen Korb (auf Englisch: *basket)* geworfen werden muss. So entstand Basketball.

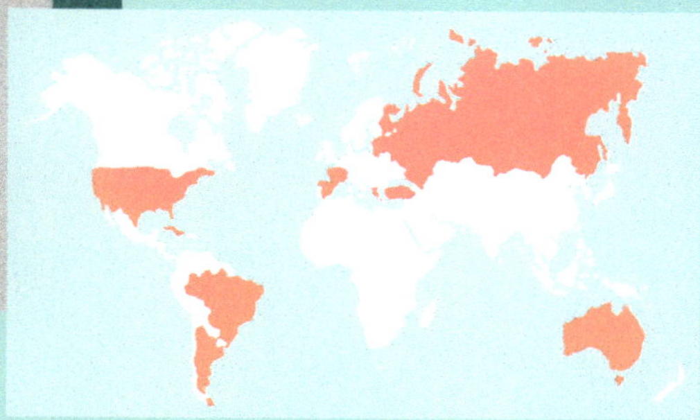

4

5

TENNIS: An fünfter Stelle steht Tennis. Wusstest du, dass Tennisbälle früher weiß waren? Doch man fand heraus, dass das menschliche Auge gelbe Bälle sehr viel schneller sieht. Deshalb entschied der Tennisweltverband 1972, die weißen Bälle durch gelbe zu ersetzen.

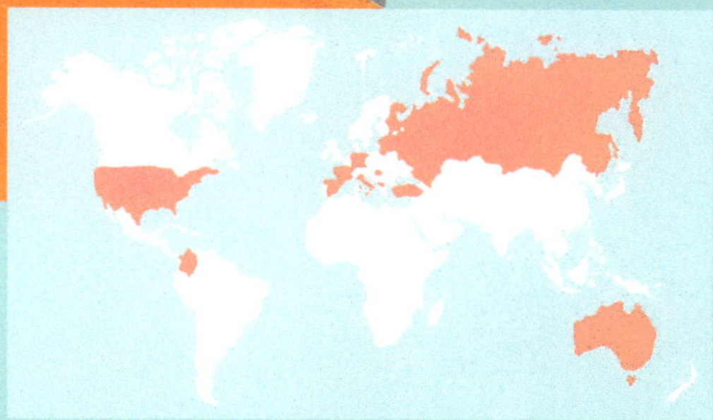

BADMINTON: Diese Sportart steht auf Platz 6 und wird vor allem in asiatischen Ländern ausgeübt: in China, Indonesien, Malaysia und Korea. Badminton ist eine der anspruchsvollsten und schnellsten Sportarten überhaupt. Sie erfordert Konzentration und gute Reflexe. Schon vor 2000 Jahren spielte man ein ähnliches Spiel in Indien. Seit 1992 gehört Badminton zu den olympischen Disziplinen.

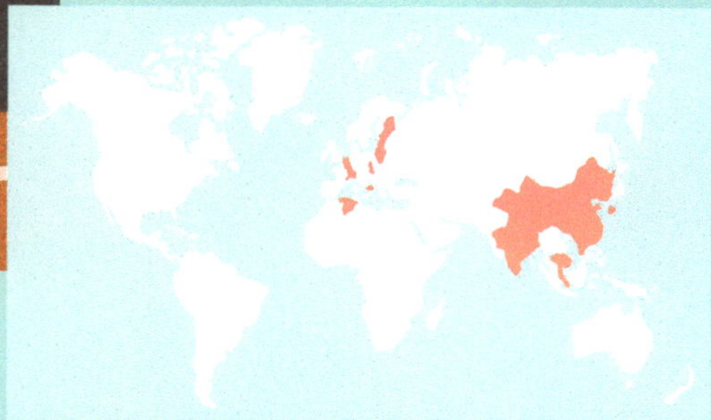

6

Tiere weltweit

Sieh dir all die Tiere auf dieser Karte an! Sie zeigen, wie vielfältig unsere Tierwelt ist: Säugetiere, Vögel, Amphibien, Fische, Insekten … Sie alle haben die unterschiedlichsten Lebensräume für sich erobert. Schau nach, wo welche Tiere leben!

In Gefahr!

Umweltverschmutzung, Bejagung und die menschengemachte Zerstörung ganzer Lebensräume führen dazu, dass viele Tierarten für immer aussterben. Traurig, oder? Wir Menschen haben es in der Hand, dies zu verhindern! **Die vom Aussterben bedrohten Arten sind in dieser Karte mit einem roten Pfeil markiert.**

Endemische Tierarten

Während einige Tierarten an verschiedenen Orten unserer Erde vorkommen, können bestimmte Arten nur dort leben, wo sie geboren werden, wie der Koala in Australien. Man spricht dann von „endemischen" Arten.

Naturwunder

Nicht nur wir Menschen erschaffen Kunstwerke, auch die Natur tut das: Ihr verdanken wir geradezu paradiesische Orte. Darunter auch diese neun Naturwunder. Lass dich überraschen und verzaubern!

1

Amazonas

(im Norden Südamerikas)

Der wasserreichste Fluss der Erde ist der Lebensquell für den größten tropischen Regenwald. Hier gibt es eine immense Artenvielfalt und jede Menge noch unerforschter Gebiete. Das Amazonasgebiet ist zudem die Heimat einiger indigener Stämme. Ein spannendes Reiseziel!

2

Sahara

(Nordafrika)

Wusstest du, dass das Wort „Sahara" aus dem Arabischen kommt und „große Wüste" bedeutet? Die Sahara umfasst eine Fläche von neun Millionen Quadratkilometern – fast ein Drittel des afrikanischen Kontinents! Die größte Trockenwüste der Erde beeindruckt mit packender Schönheit und unglaublicher Stille.

3

Iguazú-Wasserfälle

(Argentinien und Brasilien)

In Guaraní bedeutet *iguazú* „großes Wasser" – das beschreibt sehr gut die beeindruckenden Wassermassen, die aus 275 Wasserfällen herabstürzen, einige davon aus über 80 Metern. Atemberaubend!

4

Schwarzwald

(Deutschland)

Der Schwarzwald bildet die perfekte Kulisse für Märchen: dichte Tannen, Seen, Bäche und Wasserfälle. Ein magischer, wunderbarer Ort!

5

Great Barrier Reef

(Australien)

Das Great Barrier Reef ist das größte Korallenriff der Erde. Auch wenn Korallen eher wie Pflanzen aussehen, sind sie doch Meerestiere, die in Symbiose mit Algen leben und durch Einlagerung von Kalk Skelette bilden. Die leuchtenden Farben des Great Barrier Reefs sind sogar aus dem Weltraum zu erkennen.

6

Zhangye-Danxia-Geopark

(China)

Die durch Plattentektonik und Erosion entstandenen farbenfrohen Felsformationen machen diesen Park zu einem wahren Gemälde, das mit Tönen in Ocker, Blau, Rot, Grün und Violett aufwartet – eine berauschende, unwirklich anmutende Landschaft, die allein die Natur hervorgebracht hat.

Grand Canyon

(USA)

Diese vom Colorado-Fluss ausgehöhlte Schlucht in Arizona ist an manchen Stellen über 1600 Meter tief. Der Grand Canyon ist zudem Schauplatz einiger Meisterleistungen: So flog der Pilot und Erfinder Yves Rossy, auch „Raketenmann" genannt, 2011 acht Minuten lang mit einem Jetflügel auf dem Rücken über die Schlucht. Zwei Jahre später überquerte der Extrembalancierer Nik Wallenda den Grand Canyon auf einem Drahtseil in 457 Metern Höhe – ohne Sicherung!

8

7

Roter Strand in Panjin

(China)

Das Delta des Flusses Liao He ist umsäumt von Strand-Soden. Das sind besondere Pflanzen, die gegen Ende des Sommers in tiefem Rot leuchten – eines der schönsten Postkartenmotive, das die Natur zu bieten hat.

9

Okavangodelta

(Botsuana)

Das Delta des Flusses Okavango ergießt sich nicht ins Meer, wie üblich, sondern es mündet mitten in der Wüste und bildet somit das größte Binnendelta der Erde. Es ist der Lebensraum zahlreicher Wildtiere, darunter Zebras, Elefanten, Büffel, Giraffen, Gnus, Flusspferde und Antilopen.

Berge, Inseln und Vulkane

Unsere Erde unterliegt ständigen Veränderungen. So sind im Laufe von Jahrmillionen beispielsweise Berge, Inseln und Vulkane entstanden. Stürze dich ins Abenteuer und erfahre mehr über Berggipfel, die bis in den Himmel ragen, unberührte Inseln und brodelnde Vulkane!

GRÖNLAND (Dänemark)

Die größte Insel mit der geringsten Bevölkerungsdichte weltweit liegt zwischen dem Nordatlantik und dem Nordpolarmeer. Zu großen Teilen bedeckt Eis die Oberfläche Grönlands. Ein Drittel der Einwohner und Einwohnerinnen lebt in der Hauptstadt Nuuk, und da es kaum Straßen zwischen den einzelnen Orten gibt, reisen die Menschen mit dem Boot oder, sofern möglich, mit dem Flugzeug.

DENALI (USA)

Der Denali ist mit 6190 Metern der höchste Berg Nordamerikas und gehört zu der Gebirgskette der Amerikanischen Kordilleren in Alaska. Auch wenn er nicht zu den höchsten Gipfeln der Erde zählt, macht die Nähe zum nördlichen Polarkreis den Aufstieg zu einem unvergesslichen Erlebnis.

KILAUEA (Hawaii)

Einer der fünf Vulkane Hawaiis und einer der aktivsten weltweit. Der Kilauea ist ein Schildvulkan, das heißt, er ist viel breiter als hoch. Kilauea bedeutet „spucken“ auf Hawaiianisch und in der hawaiianischen Mythologie gilt der Kilauea als Sitz der Vulkangöttin Pele.

FERNANDO DE NORONHA (Brasilien)

Diese brasilianische Inselgruppe im Atlantik besteht aus 21 Inseln, von denen nur die größte bewohnt ist. Die restlichen Inseln bilden einen Nationalpark: Unter der Meeresoberfläche liegt eine Welt aus Korallen und Schwämmen, wo Schildkröten, Mantarochen, Hammerhaie und sogar versunkene Schiffe zu finden sind!

GALAPAGOS (Ecuador)

Die Galapagosinseln sind vulkanischen Ursprungs und teilen sich auf in 13 große und über 100 kleinere Inseln, die rund 1000 Kilometer vor der Küste Südamerikas liegen. Hier leben die bekannten Galapagos-Riesenschildkröten, die bis zu 150 Jahre alt werden können.

TEIDE (Spanien)

Der Pico del Teide auf der kanarischen Insel Teneriffa liegt über 3700 Meter über dem Meeresspiegel. Vom Meeresgrund aus gerechnet ist der Vulkan jedoch 7500 Meter hoch und somit die höchste Erhebung im Atlantik! Der Nationalpark El Teide gehört heute zum UNESCO-Weltnaturerbe.

ÄTNA (Italien)

Dieser rund 3300 Meter hohe Vulkan auf Sizilien gilt als der aktivste weltweit.

VESUV (Italien)

Der Vesuv liegt nahe der Stadt Neapel und verschüttete vor 2000 Jahren die antike Stadt Pompeji.

KYKLADEN (Griechenland)

Diese Inselgruppe im Ägäischen Meer, zwischen Kreta und Athen gelegen, umfasst 220 Inseln. Ihren Namen erhielten die Inseln durch ihre kreisförmige Anordnung: *kýklos* ist altgriechisch und bedeutet „Kreis". Mittig dazwischen liegt die Insel Delos, die in der Antike als heilig galt.

MONT BLANC (Frankreich und Italien)

Der Mont Blanc, das „Dach" Westeuropas, ist mit seinen rund 4800 Metern der höchste Berg der Alpen. An klaren Tagen kann man den schneebedeckten Gipfel aus hundert Kilometern Entfernung sehen. Sowohl der Berg selbst als auch das Massiv heißen Mont Blanc, Letzteres zählt über hundert Gletscher, darunter einige der größten Europas.

HIMALAJA (Bhutan, Nepal, China, Indien und Pakistan)

Das Himalaja-Gebirge mit einer Länge von etwa 2400 Kilometern zählt 10 der 14 Achttausender der Welt (Gipfel, die über 8000 Meter hoch sind) und wahrscheinlich über hundert Gipfel, die höher als 7200 Meter sind. Beeindruckend! Darunter der Mount Everest, der mit 8848 Metern der höchste Berg der Erde ist.

FUJI (Japan)

Mit fast 3800 Metern ist der Fuji auf der Insel Honshū der höchste Berg Japans. Zwar zählt er zu den aktiven Vulkanen, doch das Ausbruchsrisiko ist gering. In Japan gelten viele Berge als heilig, so auch der Fuji.

CHOCOLATE HILLS (Philippinen)

Auf der Insel Bohol liegen verteilt über ein Gebiet von mehr als 50 Quadratkilometern über 1260 kegelförmige Hügel. Ihren Namen („Schokoladenhügel") verdankt diese besondere geologische Formation der Farbe des auf den Hügeln wachsenden Grases, das sich in der Trockenperiode braun färbt.

KILIMANDSCHARO (Tansania)

Dieses besondere Massiv besteht aus drei Bergen – Kibo, Mawenzi und Shira –, allesamt inaktive Vulkane. Der Uhuru-Gipfel des Kibo ist mit fast 5900 Metern der höchste, der Kilimandscharo somit das höchste Bergmassiv des afrikanischen Kontinents.

TAFELBERG (Südafrika)

Dieses rund drei Kilometer breite Felsplateau ist das Wahrzeichen Kapstadts und umgeben von zerklüfteten Steilhängen. Der Tafelberg weist eine hohe Pflanzenvielfalt auf, viele der Pflanzen sind endemisch, das heißt, sie wachsen nur dort.

MAURITIUS

Dieser Inselstaat im Indischen Ozean ist vulkanischen Ursprungs und umgeben von Korallenriffen. Auf einer Fläche von etwa 2000 Quadratkilometern leben rund 1,3 Millionen Menschen – das am dichtesten bevölkerte Land Afrikas. Mit den weißen Sandstränden, dem türkisen Wasser und der reichen Vegetation im Inselinneren gilt Mauritius als Paradies auf Erden.

Seen, Meere und Flüsse

Hast du schon einmal vom „Blauen Planeten" gehört? Damit ist unsere Erde gemeint. Betrachtet man sie nämlich aus dem Weltall, erscheint die Erdkugel in einem kräftigen Blau. Das liegt an dem vielen Wasser. Wasser ist lebenswichtig – für Menschen, Tiere und Pflanzen.

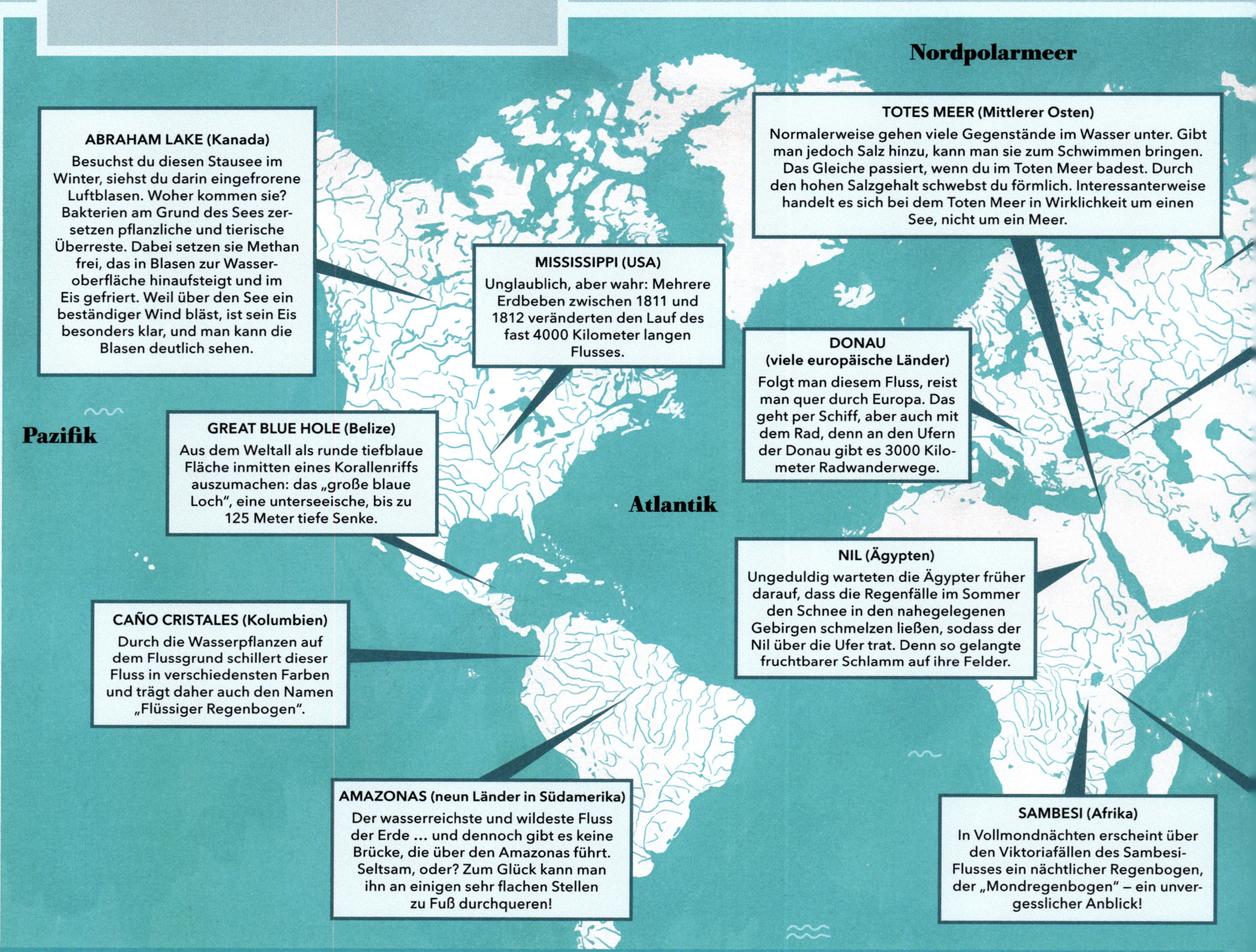

ABRAHAM LAKE (Kanada)
Besuchst du diesen Stausee im Winter, siehst du darin eingefrorene Luftblasen. Woher kommen sie? Bakterien am Grund des Sees zersetzen pflanzliche und tierische Überreste. Dabei setzen sie Methan frei, das in Blasen zur Wasseroberfläche hinaufsteigt und im Eis gefriert. Weil über den See ein beständiger Wind bläst, ist sein Eis besonders klar, und man kann die Blasen deutlich sehen.

MISSISSIPPI (USA)
Unglaublich, aber wahr: Mehrere Erdbeben zwischen 1811 und 1812 veränderten den Lauf des fast 4000 Kilometer langen Flusses.

TOTES MEER (Mittlerer Osten)
Normalerweise gehen viele Gegenstände im Wasser unter. Gibt man jedoch Salz hinzu, kann man sie zum Schwimmen bringen. Das Gleiche passiert, wenn du im Toten Meer badest. Durch den hohen Salzgehalt schwebst du förmlich. Interessanterweise handelt es sich bei dem Toten Meer in Wirklichkeit um einen See, nicht um ein Meer.

DONAU (viele europäische Länder)
Folgt man diesem Fluss, reist man quer durch Europa. Das geht per Schiff, aber auch mit dem Rad, denn an den Ufern der Donau gibt es 3000 Kilometer Radwanderwege.

GREAT BLUE HOLE (Belize)
Aus dem Weltall als runde tiefblaue Fläche inmitten eines Korallenriffs auszumachen: das „große blaue Loch", eine unterseeische, bis zu 125 Meter tiefe Senke.

NIL (Ägypten)
Ungeduldig warteten die Ägypter früher darauf, dass die Regenfälle im Sommer den Schnee in den nahegelegenen Gebirgen schmelzen ließen, sodass der Nil über die Ufer trat. Denn so gelangte fruchtbarer Schlamm auf ihre Felder.

CAÑO CRISTALES (Kolumbien)
Durch die Wasserpflanzen auf dem Flussgrund schillert dieser Fluss in verschiedensten Farben und trägt daher auch den Namen „Flüssiger Regenbogen".

AMAZONAS (neun Länder in Südamerika)
Der wasserreichste und wildeste Fluss der Erde … und dennoch gibt es keine Brücke, die über den Amazonas führt. Seltsam, oder? Zum Glück kann man ihn an einigen sehr flachen Stellen zu Fuß durchqueren!

SAMBESI (Afrika)
In Vollmondnächten erscheint über den Viktoriafällen des Sambesi-Flusses ein nächtlicher Regenbogen, der „Mondregenbogen" – ein unvergesslicher Anblick!

Wasser

97,5 % des Wassers auf der Erde ist Salzwasser. Nur 2,5 von 100 Tropfen bestehen also aus Süßwasser. Das Süßwasser ist folgendermaßen verteilt: knapp 70 % liegen in gefrorener Form an den Polen und in Gletschern vor, 30 % finden sich in wasserführenden Schichten unter der Erde und nur 0,3 % füllen Flüsse und Seen.

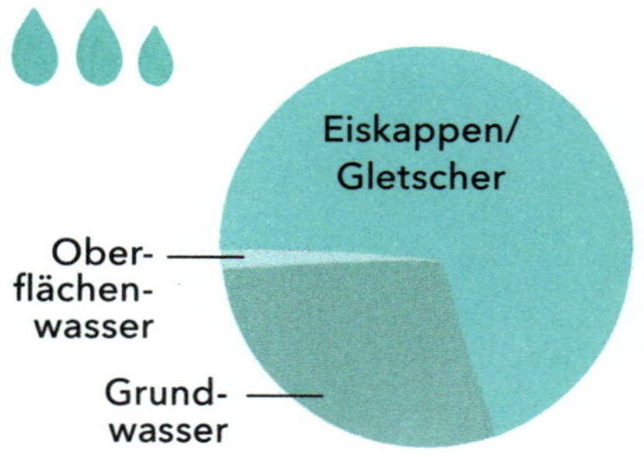

Drei Viertel der Erdoberfläche sind mit Wasser bedeckt. Unglaublich, oder? Sieh dir diese Karte an und du wirst staunen, wie viele Flüsse, Seen und Meere es gibt.

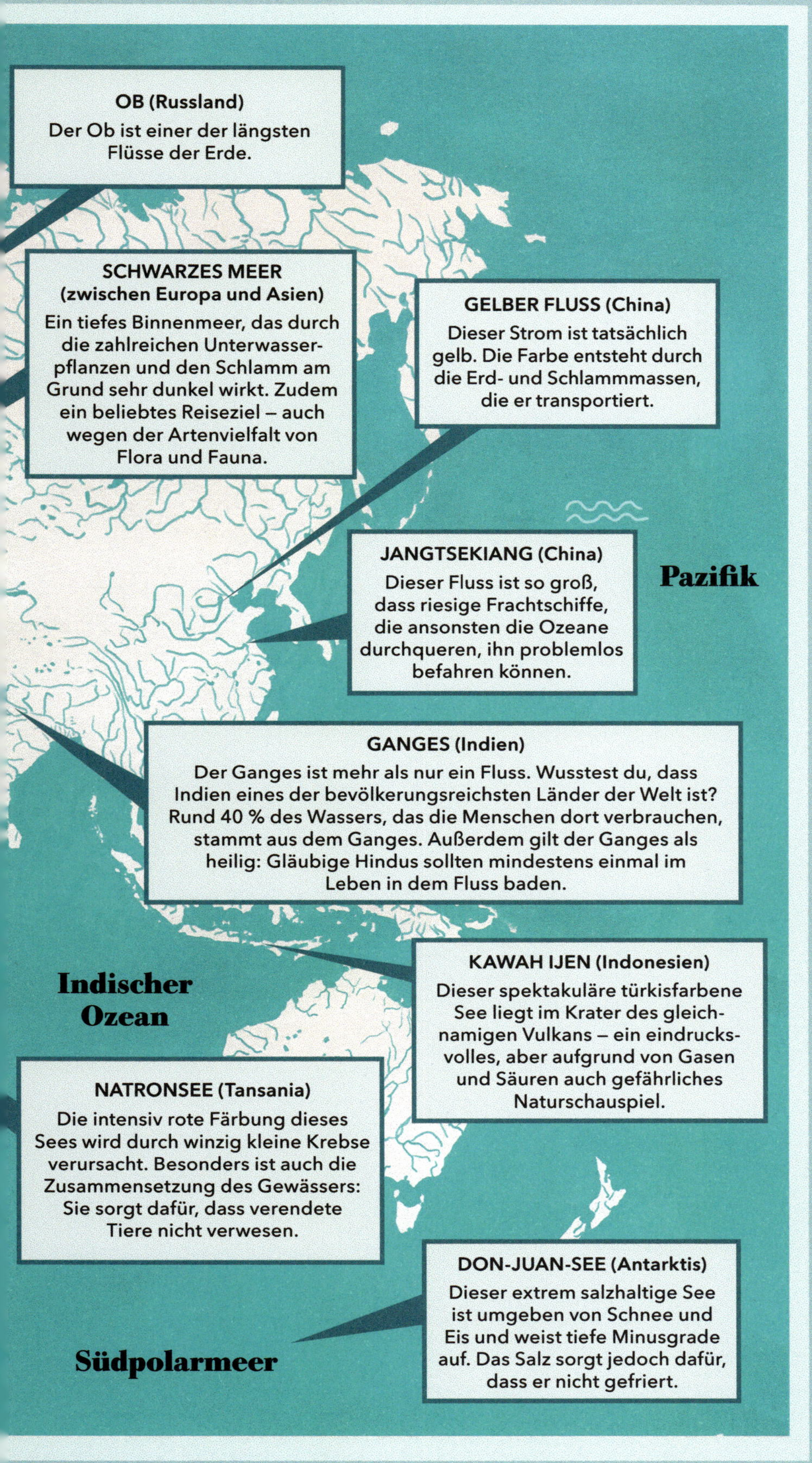

Meeresbewohner und wo sie leben

Feste und Feiertage

Seit eh und je lieben es Menschen zu feiern. Und zwar aus verschiedensten Anlässen: In Peru ehrt man den kürzesten Tag des Jahres, während man fast zeitgleich in Russland den längsten Tag feiert. Es gibt Feste mit einer langen Tradition wie etwa Mardi Gras oder den Karneval, aber auch neuere, wie das Ballonfestival in Albuquerque (USA).

BALLONFESTIVAL VON ALBUQUERQUE (USA)
Erste Oktoberhälfte

Wenn du Anfang Oktober in Albuquerque bist, dann schau hoch zum Himmel und lass dich überraschen: Über 500 Heißluftballons fliegen über der Stadt. Heute handelt es sich um ein kunterbuntes Festival, das Menschen von überallher anzieht. Begonnen hat es ganz klein: 1972 feierte ein Radiosender sein 50-jähriges Jubiläum mit nur drei Ballons.

MARDI GRAS (USA)
Faschingsdienstag (im Februar oder März)

Mardi Gras ist der bekannteste Karneval in den USA. Besonders groß wird er in New Orleans (in Louisiana) gefeiert: Man verkleidet sich, veranstaltet Paraden, wirft mit bunten Perlenketten um sich und tanzt zu Jazz-Musik. Die traditionellen Farben des Mardi Gras sind Violett, Grün und Gold – sie stehen symbolisch für Gerechtigkeit, Glauben und Macht.

INTI RAYMI – FIESTA DEL SOL (Peru)
24. Juni

Schon seit sechs Jahrhunderten feiern die Inka dieses Fest und ehren so den Sonnengott Inti. Der 24. Juni ist südlich des Äquators der Tag der Wintersonnenwende und somit der kürzeste des Jahres, weil die Südhalbkugel aufgrund der schräg geneigten Erdachse dann weiter von der Sonne entfernt ist. Die Inka wollten die Sonne mit diesem Fest wieder zurückholen.

KARNEVAL VON RIO (Brasilien)
Vier Tage bis Aschermittwoch
(im Februar oder März)

Karneval ist eine Feierlichkeit, die der christlichen Fastenzeit vorangeht und in vielen Teilen Brasiliens gefeiert wird – am meisten jedoch in Rio de Janeiro. Bei der Hauptattraktion, dem farbenfrohen Umzug mit Sambamusik, werden die *campeão* gekürt, die besten der zwölf traditionsreichen Sambaschulen der Stadt.

AUSTRALISCHES NEUJAHR (Australien)
Abend des 31. Dezember bis Morgen des 1. Januar

In dieser Nacht taucht ein riesiges Feuerwerk ganz Sydney in bunte Farben. Sydney ist nach der Weihnachtsinsel der zweite Ort auf der Welt, an dem das neue Jahr beginnt.

YI PENG (Thailand)
Lichterfest zu Vollmond im November

Tausende Lichter erleuchten den Himmel – ein toller Anblick! Bei Yi Peng handelt es sich um ein Lichterfest ähnlich dem zeitgleich stattfindenden Loy Krathong, bei dem kleine Boote aus Bananenblättern mit einer angezündeten Kerze auf Seen und Flüsse gesetzt werden. Mit beiden Lichterfesten ehren die Menschen in Thailand die Gottheit des Wassers.

HOLI (Indien)
Vollmond im Februar oder März

Der Legende nach feiert man mit diesem Festival den Sieg des Guten über das Böse. Holi ist das indische Fest der Farben und findet zu Frühlingsbeginn statt. In ganz Indien bewerfen sich die Menschen mit Farbpulver oder eingefärbtem Wasser und zünden Feuer an.

DÍA DE LOS MUERTOS (Mexiko)
1. und 2. November

Kannst du dir vorstellen, auf einem Friedhof zu feiern? Genau das machen die Menschen in Mexiko am „Tag der Toten". Die Angehörigen schmücken die Gräber mit orangefarbenen Blüten, stellen Bilder der Verstorbenen, Kerzen und Weihrauch auf. Mit reichlich Essen, Musik und Gesang feiern sie dieses besondere Fest.

CHINESISCHES NEUJAHRSFEST (China)
Zweiter Neumond nach der Wintersonnenwende
(zwischen dem 21. Januar und 21. Februar)

Das Neujahrsfest ist das wichtigste chinesische Fest. Um sicherzustellen, dass das neue Jahr Glück bringt, vollziehen die Menschen verschiedenste Bräuche: Beispielsweise begrüßen sie das neue Jahr mit rot dekorierten, geöffneten Fenstern und Türen, um das Glück hineinzulassen. Auch wird das Haus geputzt, damit das Glück gleich am ersten Tag Platz findet.

SAINT PATRICK`S DAY (Irland)
17. März

In Grün gekleidet feiert man an diesem Tag den irischen Bischof Patrick, der heute als heiliger Sankt Patrick verehrt wird.

SANFERMINES (Spanien)
6. bis 14. Juli

Mit einem lauten Knall, dem *chupinazo,* werden in Pamplona die Sanfermines eröffnet. Alle Menschen tragen weiße Kleidung, eine rote Bauchbinde sowie ein rotes Halstuch. Im Mittelpunkt dieser Festwoche steht der *encierro* – der Stierlauf.

SANTA LUCIA (Schweden)
13. Dezember

An diesem Tag feiert man in Skandinavien die Vorweihnachtszeit und zugleich die Rückkehr des Lichts nach der Wintersonnenwende. Namensgeberin für dieses Fest ist die heilige Lucia, „die Leuchtende". Beim Luciafest tragen die Mädchen weiße Kleider und Kränze mit leuchtenden Kerzen darauf.

KAAPSE KLOPSE (Südafrika)
2. Januar, *tweede nuwe jaar* (Zweites Neujahr)

Als Südafrika noch niederländische Kolonie war, stand den Sklaven nur ein Tag, der 2. Januar, zur Verfügung, um Neujahr zu feiern. Seit der Abschaffung der Sklaverei 1834 feiert man an diesem Tag die Freiheit.

IWAN-KUPALA-TAG (Russland)
6. und 7. Juli

Während man kurz zuvor in Peru den kürzesten Tag des Jahres feiert, zelebrieren die Russen auf der Nordhalbkugel am Iwan-Kupala-Tag den Sommerbeginn, das Aufblühen der Natur und die kürzeste Nacht des Jahres. Mädchen legen Blumenkränze in Flüsse und sagen die Zukunft vorher, je nachdem, wohin die Kränze treiben. Junge Paare springen über Lagerfeuer.

Verkehrte Welt

Sieh dir diese Karte an. Hier sind alle Bilder durcheinandergeraten. Kannst du die Menschen, Gebäude, Tiere, Pflanzen und Gerichte den richtigen Orten zuordnen? Keine leichte Aufgabe, aber so testest du spielerisch dein Wissen über unsere Erde! Bist du dir nicht ganz sicher, schau einfach auf den vorherigen Seiten nach. Viel Spaß!